ALBERT DE ROCHAS

LES
ÉTATS PROFONDS
DE
L'HYPNOSE

CINQUIÈME ÉDITION

PARIS

LIBRAIRIE GÉNÉRALE DES SCIENCES OCCULTES

BIBLIOTHÈQUE CHACORNAC

11, QUAI SAINT-MICHEL

1904

LES ÉTATS PROFONDS

DE

L'HYPNOSE

DU MÊME AUTEUR

SOUS PRESSE :

ALBERT DE ROCHAS

LES
ÉTATS PROFONDS
DE
L'HYPNOSE

CINQUIÈME ÉDITION

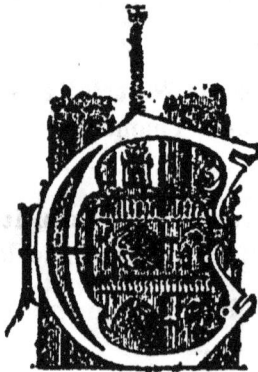

PARIS

LIBRAIRIE GÉNÉRALE DES SCIENCES OCCULTES

BIBLIOTHÈQUE CHACORNAC

11, QUAI SAINT-MICHEL

1904

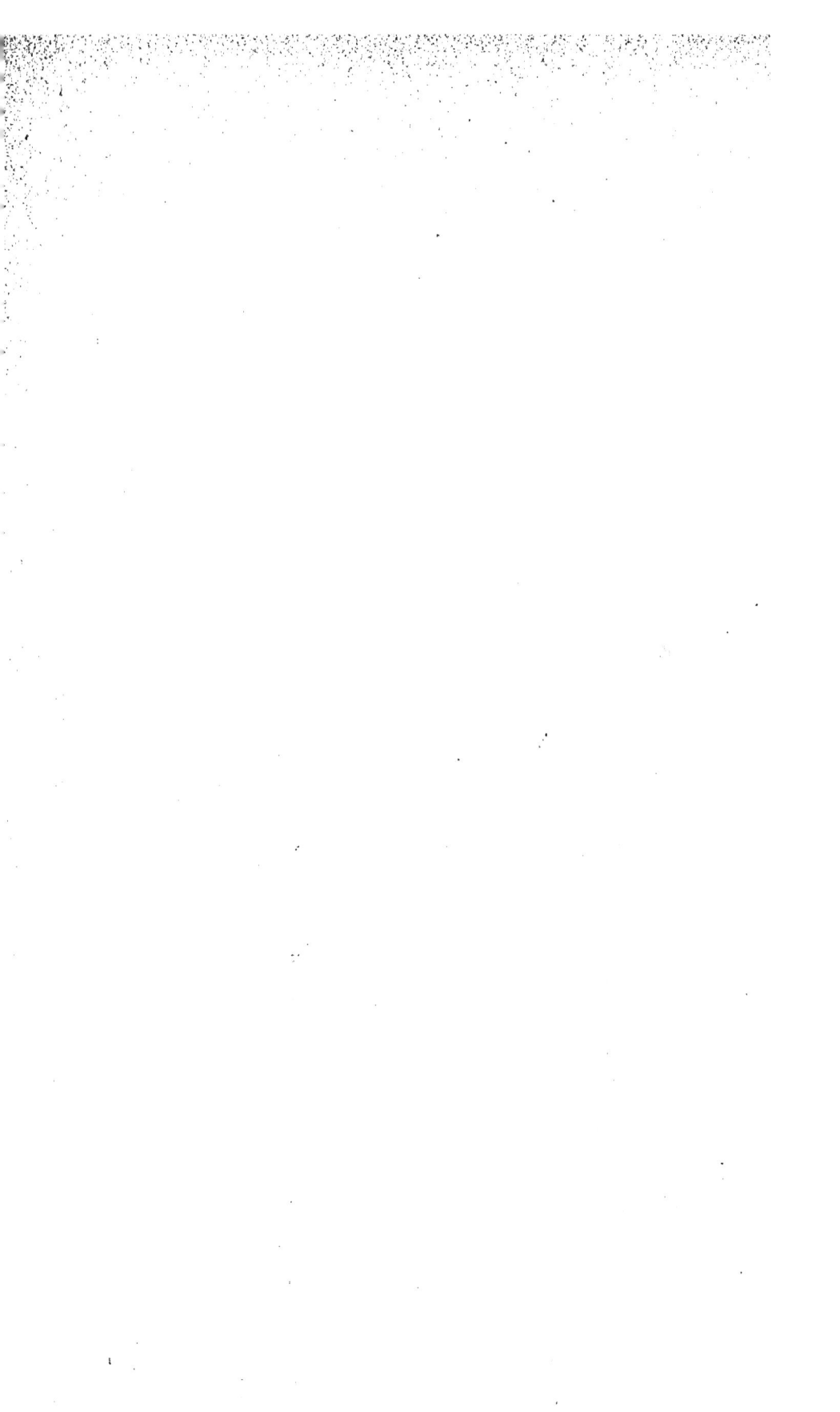

Les États profonds de l'hypnose [1]

CHAPITRE PREMIER

CLASSIFICATION DES ÉTATS

Les·trois états de l'hypnose décrits par M. Charcot sont devenus classiques, malgré l'école de Nancy, qui, ou bien n'a point opéré sur des sujets assez sensibles, ou bien n'a point pris toutes les précautions nécessaires pour constater des phénomènes qu'elle n'avait point découverts la première.

Ces états sont : la léthargie, la catalepsie et le somnambulisme. Je ne reviendrai point sur leurs caractères spécifiques, et je me bornerai à faire remarquer que les médecins de la Salpêtrière semblent ne pas être allés plus loin que l'état somnambulique, puisqu'ils n'ont jamais signalé d'autres phases que certains états secondaires reliant les étapes principales que nous venons de nommer.

Cela provient sans doute de ce que ces expérimen-

---

(1) J'ai publié en 1883, dans la *Revue d'Hypnotisme* ; deux articles sous ce même titre. Les phénomènes que je décrivais alors ayant été pour la plupart confirmés par d'autres observateurs, je me suis borné ici à reproduire mon ancienne rédaction en la précisant et la complétant par de nouvelles expériences.

tateurs, redoutant un rapprochement entre leurs recherches et les pratiques des magnétiseurs, se sont
bornés à produire l'hypnose, soit avec des agents très
faibles, comme un bruit subit, la pression des globes
oculaires ou du vertex, soit par des procédés dont
l'effet s'arrête dès qu'un premier résultat s'est produit;
telle est, par exemple, la fixation du regard, qui cesse
d'agir aussitôt que les sujets ont les yeux fermés.

Suivant que ces sujets sont plus ou moins sensibles,
on semble arriver d'emblée à une phase ou à une autre de ce que l'on appelle l'état hypnotique, et cela en
quelques secondes.

Les magnétiseurs agissent d'une toute autre façon.
A l'aide de *passes*, ils prolongent leur action sur le
sujet pendant un quart d'heure, une demi-heure et
quelquefois plus; ils ne se préoccupent nullement de
ce qui peut se produire au début, et ils ne s'arrêtent
que lorsqu'ils ont reconnu, à l'aide de certains signes
extérieurs, que le sujet a atteint le degré de *lucidité*
qu'il cherchent à obtenir (1).

_____

(1) En outre ils avaient, pour former leurs sujets, une patience
inconnue aux hypnotiseurs habitués à produire d'emblée les phénomènes de suggestion, de catalepsie, etc. ; ils n'appelaient *somnambules* que ceux qui étaient déjà parvenus à l'état que j'ai appelé
état de rapport et dont on trouvera plus loin les caractères.

« Il est rare, dit Charpignon (*Phys. du Magn.*) qu'à la première
séance on obtienne le somnambulisme, encore moins la lucidité,
car il peut y avoir somnambulisme sans que pour cela il y ait clairvoyance.

« La magnétisation répétée plusieurs jours de suite, à la même
heure s'il est possible, est nécessaire, parce qu'il est une loi du système nerveux qui le porte à répéter périodiquement les sensations
qui l'on affecté et qu'alors l'organisme a déjà fait seul une partie
de l'action exercée la veille par la magnétisation. Cette remarque a
soulevé l'objection de l'imagination ; mais il suffit pour l'éloigner,
de rappeler que les phénomènes nerveux provoqués par la magnétisation se produisent sur des gens dormant du sommeil ordinaire,
sur des enfants à la mamelle, sur des personnes non prévenues, et

Pl. 1. — Etat de rapport.

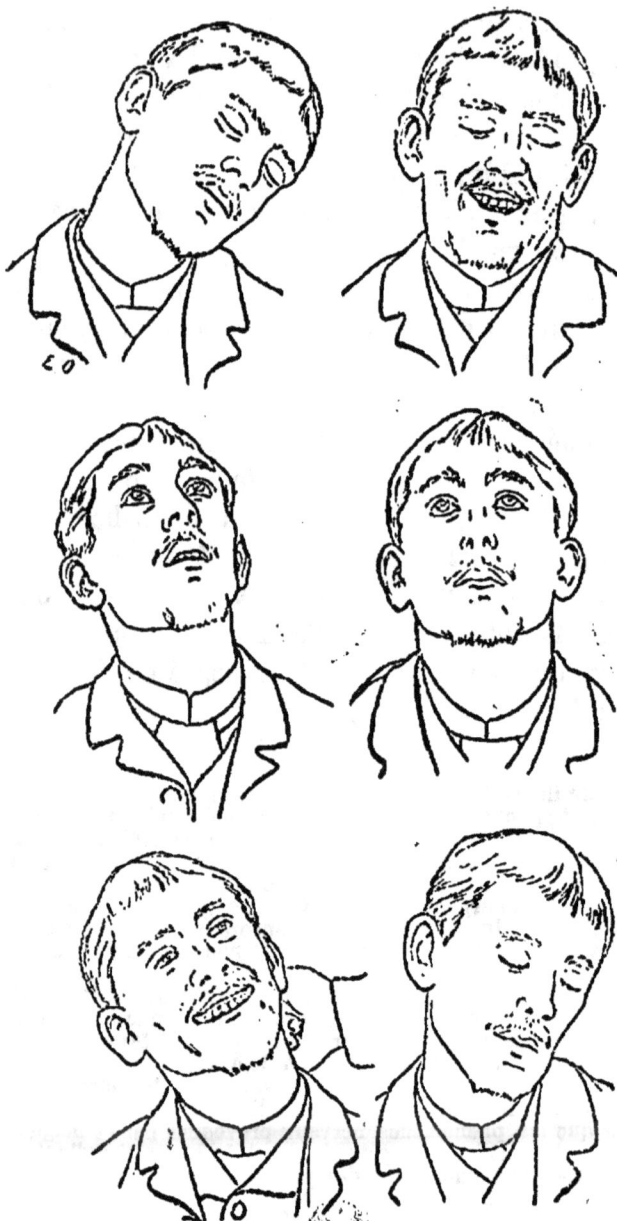

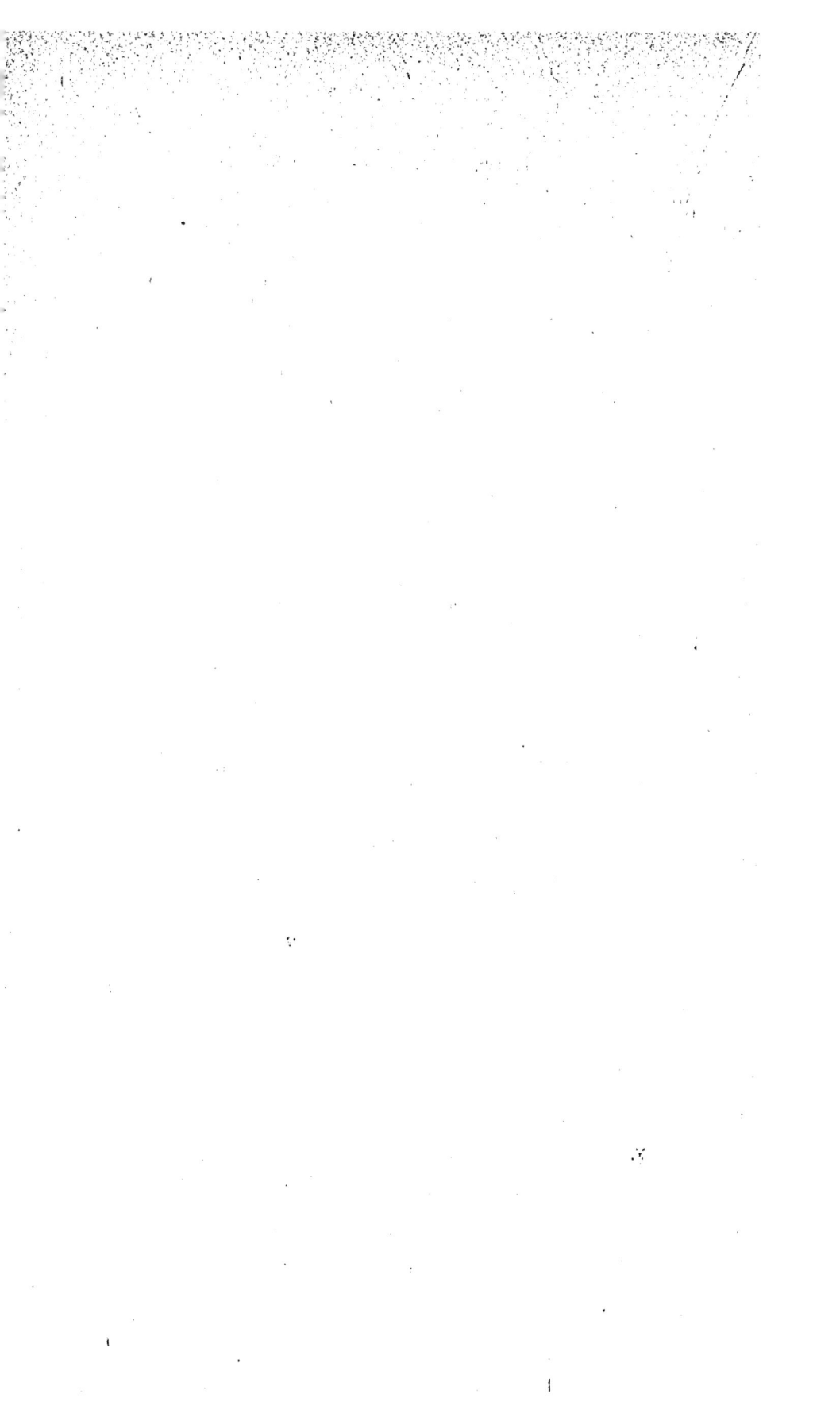

Les uns et autres s'imaginent n'avoir rien de commun. C'est une erreur. J'ai prié un magnétiseur d'agir sur son sujet suivant sa méthode ordinaire, à l'aide de laquelle il mettait une vingtaine de minutes pour obtenir la vue avec les yeux fermés, et je l'ai arrêté à diverses reprises pour essayer de déterminer les caractères du sommeil au moment de la pause.

Je suis parvenu à contaster ainsi que le sujet passait par tous les états que j'ai décrits dans mon livre sur *les Forces non définies*, à savoir :

1° État de crédulité ;

2° Léthargie (1) ;

3° Catalepsie ;

4° Léthargie ;

5° Somnambulisme ;

---

dans des circonstances tout à fait différentes de celles où on les magnétise.

« La répétition des magnétisations est quelquefois très longue avant d'amener le somnambulisme ; *elle peut durer des semaines, des mois*, et à la fin couronner de succès la patience du magnétiseur. D'autres fois où l'on espère beaucoup d'un état cataleptique et d'isolement complet, on attend en vain pendant des mois entiers sans obtenir plus au dernier jour qu'au premier. Pour nous, quand la cinquième magnétisation ne nous a rien donné d'apparent du côté du système nerveux, nous cessons d'espérer aucun phénomène ; *quand, à la trentième, un sommeil magnétique avec isolement n'est pas devenu somnambulisme, nous ne l'attendons plus*. Une fois pourtant nous avons eu une somnambule très lucide à la cinquième séance. »

(1) J'accepte le terme consacré de *léthargie* pour désigner un état dans lequel le sujet présente une apparence de prostration beaucoup plus accentuée que dans les états voisins. Cet état ou ces états (car il y en a toute une série) sont assez difficiles à définir : il est certain que l'ouïe n'est pas abolie : la parole ne l'est pas toujours ; la vue n'existe pas plus que dans beaucoup d'autres phases de l'hypnose. Quand il est en léthargie, le sujet paraît insensible, ses membres retombent inertes, sa tête s'incline sur les épaules ; quand il en sort, il redresse au contraire la tête et respire fortement deux ou trois fois. Les figures 1 et 6 de la pl. 1 représentent Benoist dans la léthargie qui précède l'état de rapport et dans celle qui la suit ; la figure 2 le montre au moment où il entre dans l'état de rapport.

6° Léthargie ;

7° État de rapport ;

8° Léthargie.

Après cette dernière phase, la magnétisation a duré encore une dizaine de minutes, mais il me fut impossible de constater de nouveaux changements d'états, parce que j'ignorais alors les phénomènes qu'il fallait provoquer pour les caractériser.

J'ai repris, depuis, cette étude, et je suis arrivé à des résultats assez concordants pour qu'on puisse, au moins provisoirement, formuler une loi.

Je vais d'abord décrire ce qui se passe, avec celui des sujets sur lequel j'ai expérimenté le plus souvent et qui peut être considéré comme un type par la régularité absolue des manifestations.

J'indiquerai ensuite les variantes rencontrées chez les autres sensitifs.

Benoist a dix-neuf ans ; c'est un garçon fort intelligent, bien portant et très sensible à la polarité (1). Depuis trois ans, il se prête à mes recherches, et je connais assez son organisme pour éviter la plupart des causes d'erreur.

L'agent employé pour doser l'hypnose, dans le cas qui nous occupe, a été l'application de la main sur le sommet de la tête, de manière à agir à la fois par polarité sur les deux hémisphères célébraux.

En imposant la main droite sur le front, je déter-

_____

(1) Il y a des sujets facilement hypnotisables qui ne sont point sensibles à la polarité. J'appelle *sensible à la polarité* une personne sur laquelle je produis des effets déterminés par l'application de certains agents, notamment des agents électriques, suivant des lois exposées par MM. Décle et Chazarin, ainsi que dans mon livre sur *les Forces non définies.*

mine en premier lieu l'état de crédulité, puis l'état léthargique caractérisé par la contractibilité musculaire, l'état cataleptique avec ses deux phases de rigidité et d'imitation automatique, un deuxième état léthargique sans contractibilité musculaire, et enfin le somnambulisme.

Après cela, nous entrons dans la période non encore étudiée par les écoles modernes avec un troisième état de léthargie. Cette léthargie (pl. 1, fig. 1) paraît n'être autre chose que le sommeil ordinaire (1); car, si je surprends le sujet dans ce sommeil et que je diminue l'hypnose par l'application de la main gauche sur la tête, je ramène l'état somnambulique ; si au contraire j'emploie la main droite, je détermine l'état suivant que j'appelle l'état de rapport. Dans cette phase léthargique, la contractibilité neuro-musculaire existe à peu près au même degré que dans l'état normal.

ÉTAT DE RAPPORT

Le sujet n'est en rapport qu'avec le magnétiseur, *quel qu'il soit* (2) ; cet état, comme la catalepsie, présente deux phases.

––––––––––––––––

(1) Comme dans le sommeil ordinaire, on trouve le rêve avec manifestation parlée. — Je n'ai du reste pu constater l'identification de cette phase léthargique avec le sommeil ordinaire que sur un seul sujet, Benoist.

(2) Si l'on a poussé jusqu'à cet état le sujet en le chargeant d'électricité au moyen, soit d'une machine statique, soit d'une pile, soit d'un aimant, il ne perçoit plus que la personne en contact avec l'agent qu'a produit l'hypnose.

Pour des sujets très sensibles à la polarité, on ne peut arriver à pousser jusqu'à l'état de rapport une partie positive de leur corps (par exemple) par le simple contact prolongé de cette partie avec un objet d'or ou avec un diamant. Alors la partie hypnotisée ne perçoit plus que l'objet qui a agi sur elle ou un objet de même nature,

Dans la première, le sujet perçoit encore les sensations provenant d'autres agents que le magnétiseur,
mais ces sensations, de quelque nature qu'elles soient,
lui paraissent également désagréables, notamment
celles qui proviennent du contact des animaux.
Interrogé sur la nature de la souffrance qu'il exprime,
quand il touche un chien par exemple, Benoist répond que ce qu'il touche n'est pas organisé comme

---

elle ne sentira pas la piqûre faite avec une épingle de cuivre ou le
frottement exercé avec un morceau de cristal. On aura ainsi cons-
titué, pour quelques instants, une véritable *pierre de touche* orga-
nique.

Cette faculté de porter isolément à l'état de rapport telle ou telle
partie du corps du sujet peut produire le phénomène singulier du
Rapport multiple.

Voici Benoist qui, mis en état de rapport par M. A... au moyen
du procédé ordinaire (la main droite sur la tête), n'entend plus que
lui. — Alors M. B... lui applique, par exemple, la main dans le
dos ; au bout de quelques instants, le sujet éprouve de la lourdeur,
du malaise à la partie touchée, commence par entendre, puis entend
tout à fait M. B... mais seulement quand celui-ci le touche ou lui
parle dans le dos. Il continue à entendre M. A..., sauf quand M. A...
lui parle dans le dos qui est en rapport avec M. B... — Si M. C...
lui applique alors la main sur le côté, il se produit une troisième
mise en état de rapport partiel, analogue à la précédente, etc.

Quand le sujet est réveillé par l'opérateur A..., il ressent de la gêne
dans les parties touchées par B... et C... qui ne vibrent plus comme
le reste du corps ; quelques frictions font tout disparaître.

Le phénomène que nous venons de décrire est analogue à celui
de la *personnalité multiple* qu'on peut donner dans les premiers
états de l'hypnose, alors que le sujet est très suggestible.

On a étudié déjà le phénomène de la double personnalité l'une à
droite, l'autre à gauche. David, un des sujets connus de la Charité,
m'en a fourni un exemple piquant : j'avais donné à sa partie droite
la personnalité de Mme X..., un autre sujet, et, à sa partie gauche,
celle de M Y.., son protecteur. David qui les connaissait person-
nellement tous les deux, nous fit assister à une querelle de ménage
du plus haut comique où les injures et les coups pleuvaient d'un
côté et de l'autre. Avec Benoist j'ai pu obtenir trois personnalités,
une A... à droite, l'autre B... à gauche et la troisième C... au milieu
du corps ; le dialogue a pu s'engager entre les trois individus qui
s'étaient ainsi constitués avec leur caractère propre ; chaque partie
répond à l'appel de son nom, M. C.. parle du milieu des lèvres,
M. A... du côté droit de la bouche, M. B.. du côté gauche ; quand
A... veut toucher C..., il touche le milieu du corps, etc.

L'expérience est fatigante, mais elle a de l'importance en ce qu'elle

lui, et que cela lui cause un bouleversement par tout le corps.

Dans la seconde phase, le sujet ne perçoit plus que le magnétiseur. Si celui-ci joue du piano, Benoist l'entend ; mais Benoist n'entend plus le son de l'instrument si c'est une autre personne qui en touche ; pour qu'il entende dans ce cas, il suffit que le magnétiseur place ses doigts contre l'oreille du sujet, de telle manière que le son passe par les doigts avant d'arriver à l'oreille.

D'une façon générale, le sujet ne perçoit aucun objet, à moins qu'il ne soit en contact avec le magnétiseur (1) ; le regard de ce dernier peut être suffisant pour établir le contact, et c'est probablement ce qui explique, dans la plupart des cas, comment les anciens magnétiseurs trouvaient que leurs sujets étaient naturellement en rapport avec certaines personnes et non avec d'autres.

Toute excitation cutanée (piqûre, pincement, etc.), produite par le magnétiseur ou par un objet en contact avec lui, est agréable au magnétisé, à moins qu'elle ne provoque une douleur trop violente ; cette même excitation, produite par une personne non en rapport, n'est pas perçue, à moins aussi qu'elle ne soit trop forte (2).

---

détruit l'explication de la double personnalité par une suggestion s'appliquant l'une au lobe droit, l'autre au lobe gauche du cerveau.

(1) Le sujet voit généralement la personne du magnétiseur comme suspendue dans le vide ou sur un fond grisâtre.

(2) Quand le sujet, sensible à la polarité, peut se pousser lui-même jusqu'à l'état de rapport par l'imposition sur la tête de sa main droite, il manifeste de l'inquiétude, du malaise, dans la première phase, sous l'influence des regards des spectateurs qu'il perçoit encore un peu. Si on se met en rapport avec lui, en le touchant, il manifeste *pour lui-même* cette affection exclusive qu'a toujours le sujet pour celui qui l'a magnétisé.

Un caractère commun aux deux phases de l'état de
rapport est un sentiment de béatitude (pl. 1, fig. 2)
extrêmement caractérisé, manifesté par la plupart des
sujets qui résistent presque toujours si on veut les
réveiller ou les endormir davantage.

Dans l'état de rapport, certains phénomènes psychiques provoqués par des pressions sur différents
points du crâne, et que je décrirai plus tard, se produisent avec une très grande intensité. La fig. 3 (pl. 1)
montre l'extase avec vision religieuse obtenue par la
pression sur le milieu du front. Dans la figure 4,
Benoist est représenté au moment où il éprouve un
accès de contrition sous l'influence des paroles qu'il
croit entendre ; ses yeux sont remplis de larmes, et,
si on lui demande ce qu'il éprouve, il répond que la
sainte Vierge lui fait des reproches. Enfin, dans la
figure 5, la vision a complètement changé de nature
sous la simple influence de la pression d'un point de la
nuque, correspondant aux idées érotiques.

Les yeux s'ouvrent généralement par suite du renversement de la tête en arrière ; le sujet objective ses
visions à l'extérieur, car il écarte vivement la main
du magnétiseur quand celui-ci la lui place devant la
figure, comme un écran entre les yeux et l'apparition.

Quand le sujet n'a pas naturellement les yeux
ouverts dans cet état, il suffit de lui ordonner de les
ouvrir pour qu'il les ouvre. Il voit alors plus ou
moins distinctement le *fluide* qui s'échappe des yeux,
des doigts, des narines, des oreilles du magnétiseur
ou des personnes avec lesquelles on le met en rapport.
Ce fluide se présente, d'ordinaire, sous la forme
d'effluves bleus du côté gauche, et rouges du côté

droit ; il paraît également, pour le sujet, sortir des aimants, des cristaux, etc. Je ne fais qu'indiquer ici un sujet d'études sur lequel j'ai porté mon attention depuis plusieurs années et que je traiterai dans un ouvrage spécial.

Benoist qui, dans les premiers états de l'hypnose, est sensible, dans des conditions mal déterminées encore, à l'action des médicaments qu'on se borne à approcher de lui, possède cette faculté d'une façon beaucoup plus constante dans l'état de rapport, pourvu que ce soit la personne qui l'a endormi qui tienne la substance. L'ipéca lui a donné l'envie de vomir ; l'essence de laurier-cerise contenue dans un flacon bouché à l'émeri près de sa nuque a provoqué l'extase. Dans les mêmes conditions, l'essence de valériane lui a causé d'abord de l'inquiétude ; il se sentait transformé, avait envie de faire quelque chose dont il ne se rappelait pas le nom, puis il faisait mine de griffer en soufflant comme un chat.

Deux sujets mis à l'état de rapport par le même magnétiseur éprouvent généralement l'un pour l'autre, quand ils sont mis en présence, une répulsion très vive. Cette répulsion peut même se manifester chez l'un pour des objets simplement touchés depuis quelque temps par l'autre. Dans certains cas, elle persiste après le réveil et provoque des querelles.

Quand on pousse l'hypnose plus loin que l'état de rapport, on amène une nouvelle léthargie (pl. 1. fig. 6), où la contractibilité neuro-musculaire est suspendue et où le pouls est sensiblement ralenti ; puis vient l'état de sympathie au contact.

ÉTAT DE SYMPATHIE AU CONTACT

Le sujet continue à n'être en rapport qu'avec le magnétiseur et les personnes que touche celui-ci ; mais ce qui différencie cet état du précédent, c'est qu'il suffit que le magnétiseur éprouve une douleur pour que le sujet en contact avec lui la perçoive.

Si moi, magnétiseur, je tiens la main de Benoist et qu'une tierce personne me pique, me pince ou me tire les cheveux, Benoist perçoit les mêmes sensations que moi et aux mêmes points. Si j'endure une souffrance ou même une simple gêne par suite d'une maladie, Benoist la perçoit également ; ce phénomène cesse dès que le contact n'a plus lieu.

Si je me contente de mettre la main de Benoist en contact avec celle d'un autre individu et que j'établisse le rapport en laissant ma propre main en contact avec les deux autres, Benoist ne perçoit point les piqûres ou pincements qu'on fait éprouver à ce tiers, et qui sont trop légères pour modifier l'état de son organisme, mais il ressent les symptômes des maladies et des infirmités. C'est ainsi qu'il a éprouvé la migraine au contact d'une dame qui avait la migraine, qu'il est devenu dur d'oreille au contact d'un officier affligé de cette infirmité, qu'il n'a plus pu parler quand on l'a mis en rapport avec un enfant paralysé de la langue et qu'on avait amené pendant son sommeil, qu'il a éprouvé une cuisson au col de la vessie en touchant un monsieur souffrant d'une cystite chronique.

J'ai essayé plusieurs fois de lui faire ressentir la

maladie d'une personne absente, en lui faisant toucher un objet ayant appartenu à cette personne ; je n'ai jamais réussi. Il a palpé l'objet avec attention, mais constamment il m'a répondu qu'il n'éprouvait rien de particulier.

Il ne voit plus les effluves qu'il apercevait dans l'état de rapport.

Après l'état de sympathie au contact vient encore une période de léthargie dont le sujet sort en état de lucidité.

ÉTAT DE LUCIDITÉ

Le sujet, qui continue à percevoir les sensations des personnes avec lesquelles on le met en rapport, ne voit pas davantage que dans l'état précédent les effluves extérieurs, mais a acquis une propriété nouvelle. Il voit ses organes intérieurs et ceux des personnes avec lesquelles il est en rapport.

Il les décrit avec les termes qui lui sont familiers à l'état de veille, surtout quand ces organes sont malades. Interrogé pourquoi il voit mieux ceux-là que les autres, il répond que c'est parce que la souffrance ou la perturbation qu'il éprouve par sympathie concentre sur eux son attention. Il voit vibrer les cellules cérébrales sous l'influence de la pensée et il les compare à des étoiles qui se dilatent et se contractent successivement.

Quand on lui fait toucher une personne et qu'on le prie de l'examiner, il compare ce qu'il voit chez cette personne avec ce qu'il voit dans son propre corps. Par exemple, pour l'officier souffrant d'une oreille,

2

il a dit : « Il y a dans l'oreille une petite peau en travers comme chez moi, mais derrière je vois un
bouton que je n'ai pas, et ce bouton suppure. »
Pour la cystite, il a vu, tout autour du col de la vessie, un gonflement un peu moins gros que le petit
doigt, et plein de sang comme les veines gonflées qui
faisaient saillie sur la main de l'opérateur, etc.

Si on lui demande ce qu'il y a à faire pour amener
la guérison, ou bien il répond qu'il ne sait pas, ou
bien il indique des remèdes provenant évidemment
de ses souvenirs de l'état de veille : ainsi, dans une
seconde expérience relative à la cystite, le malade avait
volontairement attribué devant lui, avant qu'il fût
endormi, cette infirmité à une certaine cause ; Benoist
a répété l'assertion qui était fausse et a recommandé
des boissons rafraîchissantes.

Dans cet état, le sujet acquiert encore une autre faculté, c'est de reconnaître la trace laissée par un contact, même remontant à plusieurs jours. Voulant, un
jour, m'assurer si je pouvais le faire *voyager* dans
l'espace et dans le *temps* comme certains somnambules, je le menai devant une armoire où je ne retrou-
vais pas un objet et je lui demandai s'il pouvait
voir où était cet objet et désigner celui qui l'avait enlevé.
Il me répondit « non », mais en palpant, il ajouta :
« Je sens ici le contact d'une autre personne que
vous. » Je le conduisis alors vers plusieurs autres
meubles qu'il palpa également, tantôt ne ressentant
rien tantôt retrouvant son impression de l'armoire ;
enfin, je lui présentai divers vêtements appartenant
à des gens de ma maison, et il reconnut le contact
dans la paire de gants d'un domestique. Je n'ai pu

vérifier la réalité du fait, mais j'ai obtenu plusieurs fois la contre-épreuve en faisant toucher plusieurs objets par une personne, puis la personne par le sujet. Le sujet retrouve toujours l'objet touché.

ÉTAT DE SYMPATHIE A DISTANCE

Après de nombreuses séances je suis parvenu à faire franchir à Benoist la léthargie qui suit l'état de lucidité. Pour obtenir ce résultat, il m'a fallu agir, non seulement sur la tête, mais encore sur l'estomac; faute de cette précaution, la respiration s'arrête, parce que, semble-t-il, le sujet n'est plus *homogène* et que sa poitrine ne vibre plus comme la tête. J'ai été ainsi conduit à adopter les procédés des anciens magnétiseurs qui opèrent soit par des passes descendantes sur la tête et le tronc, soit par la pression des pouces.

Dans ce nouvel état, Benoist continue à n'être en rapport qu'avec moi et à ne pas voir le fluide extérieur, mais il voit encore les organes intérieurs, et sa sensibilité est tellement accrue que je n'ai plus besoin de le toucher pour qu'il perçoive mes propres sensations, si elles sont un peu vives ; il localise du reste ces sensations comme cela est arrivé dans l'expérience du Havre dont il sera question au chapitre III.

Cependant j'ai vainement essayé d'obtenir la suggestion mentale : impossible de faire exécuter même le mouvement le plus simple par la concentration de la pensée, aussi bien dans cet état que dans les autres.

Je n'ai pas pu également lui faire dépasser cet état.

Quand le sujet est pour ainsi dire *saturé*, il ne peut

plus rien recevoir et semble se *dédoser* par rayonnement en revenant peu à peu à l'état de veille.

Avec l'imposition de la main gauche sur le front et quelques passes transversales pour réveiller complètement, je ramène graduellement et en sens inverse toutes les phases dont je viens de décrire les phénomènes les plus caractéristiques.

Mais ces phénomènes ne sont pas les seuls.

A mesure qu'on avance dans l'hypnose, les souvenirs de l'état de veille, surtout ceux qui ont trait aux individualités, s'affaiblissent peu à peu. Le sujet ne conserve avec netteté que ceux des phénomènes qui se sont produits dans des états semblables à celui où il se trouve au moment où on l'interroge. Quand il est arrivé à la lucidité, il n'y a plus que deux personnes au monde : le magnétiseur et lui ; encore ne sait-il plus ni leurs noms ni aucun détail sur eux.

L'aptitude à la suggestion commence à l'état de crédulité ; elle paraît atteindre son maximum au moment de la phase de la catalepsie automatique, puis décroît légèrement pendant le somnambulisme, pour disparaître presque complètement dans les débuts de l'état de rapport (1).

_____

(1) A partir de ce moment, si l'influence du magnétiseur sur le magnétisé ne s'exerce plus par suggestion, elle n'en est pas moins très considérable, parce que toute l'affection du magnétisé est concentrée sur le magnétiseur auquel il cherche à être agréable par tous les moyens possibles pourvu qu'ils ne choquent pas trop ni ses instincts ni ses résolutions prises au moment de s'endormir.

La suggestibilité paraît liée à l'insensibilité cutanée ; certains sujets qui restent sensibles jusque dans la première léthargie ne sont pas suggestibles jusque-là.

Le dialogue de la page suivante fera mieux comprendre ces modifications de la mémoire qui laissent intacte la faculté de raisonnement (1).

Dans l'état de sympathie à distance et dans les états plus profonds, le *rapport* diminue et la mémoire revient peu à peu.

On peut donner des suggestions très compliquées dans la période de léthargie qui précède le somnambulisme où le sujet paraît ne rien voir, ne rien entendre.

Si on touche le sujet sur sa peau ou ses vêtements, soit dans cet état soit dans l'une des léthargies consécutives, il suffit, pour qu'il se rappelle au réveil le contact qu'il a subi, soit de le lui prescrire, soit même, pour la plupart d'entr'eux, de déterminer par la pression d'un point au milieu du front la mémoire que j'appellerai *somnambulique*, parce qu'elle embrasse tous les états de l'hypnose.

Ainsi le *moi* persiste malgré ses modifications apparentes ; mais, dans les périodes de léthargie, les nerfs sensibles conservent leur activité pour porter à sa connaissance les impressions de la périphérie, tandis que les nerfs moteurs, momentanément paralysés, sont incapables de remplir leur office ordinaire.

Il se passe alors un phénomène analogue à celui qui se produit dans les cas d'empoisonnement par le curare.

_____

(1) Il y a là une étude extrêmement intéressante à faire pour expliquer comment le sujet peut conserver, outre la faculté du raisonnement, une mémoire des mots assez nette pour comprendre les questions et y répondre sans hésitation tandis qu'il a perdu complètement la mémoire des personnes, des localités, des chiffres, etc.

Questions	Réponses		
	État de rapport	État de sympathie	État de lucidité
Vous sentez-vous bien ?	Oh oui !	Un peu lourd.	Assez bien.
Comment vous appelez-vous ?	(Avec quelque hésitation) Benoist.	(Avec beaucoup d'hésitation) Benoist.	Je ne sais pas, ça m'est bien égal.
Quel est le nom de baptême de votre père ?	(Avec beaucoup d'hésitation) Théophile.	Je ne sais plus.	Je ne sais pas.
Quel est mon nom ?	Le commandant de Rochas.	Le commandant... je ne sais plus le reste.	Je ne sais pas.
Combien ai-je d'enfants ?	Trois (j'en ai quatre.)	Je ne sais pas si vous en avez.	Connais pas.
Comment se nomment-ils ?	Il cherche et donne des noms ayant à peu près la même consonance que ceux de mes enfants qu'il connaît parfaitement.	Connais pas.	Connais pas.
Dans quelle ville êtes-vous ?	A Blois (il habitait Blois avant de venir à Grenoble où il est actuellement).	(Il cherche). Je ne me souviens plus.	Je n'en sais rien.
Quelle est votre profession ?	Comptable.	Je n'en ai pas.	Je ne sais pas.
Comptez : un, deux, trois, etc.	Un, deux, trois, quatre... six...	Un, deux, quatre... je ne me rappelle plus.	Un, deux... je ne sais plus.
Combien font deux et trois ?	(Avec beaucoup d'hésitation.) Cinq.	Deux et trois... sept.	... Je ne sais pas.
Comment se fait-il que vous ne vous rappeliez pas ?	»	»	Il y a certaines choses que je ne puis me rappeler, surtout ce qui a trait aux personnes et aux lieux.
Vous sentez une démangeaison sur le nez (j'insiste avec force et à plusieurs reprises).	Mais non... Ah ! oui, un peu.	Je ne sens rien.	Je ne sens rien (je me gratte le nez), mais c'est vous qui sentez une démangeaison au nez, ce n'est pas moi.
Endormez-vous davantage.	Je ne veux pas. Laissez-moi tranquille ; je suis bien comme cela.	Je ne peux pas ; ce que vous me dites ne sert à rien.	Ce que vous me dites est inutile, vous ne m'endormirez pas du tout, je sens du reste que cela me fatiguerait.
Au réveil vous ferez telle chose.	(La suggestion ne s'exécute qu'en partie).	(La suggestion ne s'exécute pas.	(La suggestion ne s'exécute pas).

« L'intelligence, la sensibilité et la volonté ne sont point atteintes par le poison mais elles perdent successivement les instruments du mouvement qui refusent de leur obéir. Les mouvements les plus expressifs de nos facultés disparaissent les premiers, d'abord la voix et la parole, ensuite les mouvements des membres, ceux de la face et du thorax, et enfin les mouvements des yeux qui, comme chez les mourants, persistent les derniers. Peut-on concevoir une souffrance plus horrible que celle d'une intelligence assistant ainsi à la soustraction successive de tous les organes qui, suivant l'expression de M. de Bonald, sont destinés à la servir, et se trouvant en quelque sorte enfermée toute vive dans un cadavre (1) ».

J'ai expérimenté sur plusieurs autres sujets, mais, malheureusement, il ne m'a pas toujours été possible de le faire avec toute la précision désirable. Il faut, en effet, essayer à plusieurs reprises son instrument, afin d'en connaître le degré de sensibilité, avant de pouvoir en jouer avec précision, et le temps a manqué aussi bien aux uns qu'aux autres. Voici, cependant, quelques observations plus ou moins sommaires :

Joseph, garçon coiffeur, 18 ans, extrêmement sensible à la polarité, passe régulièrement par tous les états décrits plus haut (2) et va au delà. J'ai déterminé, à plusieurs reprises, trois ou quatre séries de léthargie et de réveil apparent après l'état de sympathie à

---

(1) Encycl. Larousse, vᵒ *Curare.*
(2) Dans l'état de rapport, les phénomènes d'extase religieuse et sensuelle se produisent par la pression des points correspondants ; la tête se renverse en arrière, mais les yeux ne s'ouvrent pas et le sujet raconte ses visions.

distauce ; mais, ignorant les phénomènes qui les carac-
térisent, je n'ai point su les mettre en évidence ; je me
suis borné à chercher la suggestion mentale et je l'ai
obtenue une fois à l'un de ces états extrêmes. J'ai
pensé : « Levez le bras droit », il a levé lentement le
bras droit ; — « Embrassez-moi », il a arrondi les bras,
mais m'a manqué et a embrassé le vide ; — « Dressez-
vous », il s'est dressé progressivement comme un
automate.

Tout cela s'opérait avec un retard d'une ou deux
minutes, et le sujet, interrogé sur la matière dont il
percevait l'ordre mental, a répondu qu'il n'en avait pas
conscience, mais qu'il sentait ses muscles se raidir
peu à peu pour accomplir certains mouvements.

Joseph perçoit aussi les maladies des personnes avec
lesquelles on le met en rapport ; il s'imagine à tel
point les sentir lui-même, qu'il se lamente sur son
triste état, lui, si jeune ! ... Il indique volontiers les
remèdes les plus extraordinaires et les raisonne en
amalgamant les fragments de consultation dont il a pu
être témoin. Pour la cystite dont il a été question, il a
fait des inductions d'après la position de l'organe
malade et a prescrit du mercure.

Un jour, un médecin lui a apporté le bonnet d'une
personne malade que je ne connaissais nullement et
il a, paraît-il, exactement décrit les symptômes de la
maladie de cette femme ; il est bon d'ajouter que la
personne en question souffrait de la tête et que le
bonnet avait pu lancer son imagination sur cette
partie du corps. L'expérience n'a point été renouvelée.

R..., 25 ans, forgeron, ancien chasseur à pied, a
passé nettement par tous les états, jusqu'à la sympa-

thie, et n'a pas été poussé au delà. On n'a opéré que deux fois sur lui, et l'expérience faite séparément par deux personnes différentes a donné les mêmes résultats ; à l'état de sympathie, il ressent les piqûres faites sur le magnétiseur, mais il ne perçoit pas les maladies.

Clotilde, 20 ans, gantière. — Mme veuve D..., 25 ans. Observations identiques, jusqu'à l'état de sympathie. Chez ces deux dames, le réveil se fait très rapidement, et il est très difficile de suivre les phases du retour, tandis que celles de l'aller ne se franchissent qu'avec une certaine lenteur et sans les profondes inhalations qui marquent nettement chez Benoist les changements d'état.

Louise et Maria, 19 ans, lingères. Mêmes observations, avec cette différence que la sensibilité est si grande, qu'il a fallu beaucoup d'attention et de légèreté de mains pour reconnaître les phases, aussi bien de l'aller que du retour.

Mme X... 35 ans, mère de famille, excellente santé, habituée aux courses à pied et à cheval, d'un esprit supérieur, s'était prêtée sans succès une seule fois à un essai de son médecin qui parlait d'hypnotisme ; elle s'est endormie avec la plus grande facilité dès que je l'ai eu touchée.

A l'état de somnambulisme, elle a les yeux ouverts et sans fixité ; il faut recourir à l'exploration de la sensibilité et à la constatation de la suggestibilité pour reconnaître qu'elle n'est point complètement éveillée.

Elle peut être poussée très loin et, dans tous les états autres que les états léthargiques, elle a les yeux ouverts, mais ne voit que l'opérateur ou les objets avec lesquels celui-ci la met en rapport. Les caractères

spécifiques des états n'ont été déterminés avec précision que jusqu'à l'état de *sympathie à distance*. Dans
cet état comme dans les suivants, quand je pense
fortement, elle sent une congestion à la tête, mais ne
devine pas ce que je pense. J'ai obtenu cependant une
fois, *une seule*, à distance de plusieurs kilomètres avec
cette dame une communication de pensée très caractéristique, sur laquelle je reviendrai dans le ch. III.

Bien que, comme tous les autres sujets, elle ne
connaisse plus, depuis l'état de rapport, que le magnétiseur pour lequel elle témoigne la plus vive affection, ayant oublié complètement mari et enfants, elle
conserve sa volonté et il m'a été impossible de lui
faire exécuter une action déterminée qu'elle avait pris,
à l'état de veille et sur ma prière, la ferme résolution
de ne pas accomplir. Je suis parvenu cependant à
tromper sa résistance par un subterfuge, parce que la
vivacité de l'esprit s'était ralentie.

Mme K..., jeune femme de 30 ans, intelligente,
instruite, qui n'a jamais été magnétisée que par moi
(à l'exception de deux ou trois essais auxquels elle
s'est prêtée pendant quelques instants) est d'une sensibilité extrême pour tous les phénomènes qui carac-
térisent ces premiers états, sauf pour les suggestions
de l'ouïe qui prennent difficilement. Il m'a fallu plusieurs séances pour l'amener à l'état de rapport, où
elle continue à entendre tout le monde (1), mais
elle ne voit plus que moi pour qui elle éprouve alors
l'affection exclusive habituelle.

_____

(1) La condition d'isolement n'est pas rigoureusement indispensable car nous avons rencontré de très bons somnambules qui en-
tendaient tout et dont l'ouïe était même devenue d'une finesse extra-

Il m'a fallu encore plusieurs séances pour l'amener à la sympathie au contact où elle éprouve mes sensations sans les localiser ; en revanche elle éprouva, même à une certaine distance, mes émotions, souriant quand je souris derrière elle, s'attristant quand je m'attriste.

Je n'ai pu, au bout d'une dizaine de séances, dépasser cet état, et j'attribue cette difficulté d'une part à son extrême vivacité d'esprit, de l'autre aux distractions extérieures provenant de ce que son ouïe ne s'endort pas.

Mme K..., comme Mme X..., n'ayant été magnétisées que par moi et l'ayant été régulièrement, s'endorment simplement par la pression des pouces, et se réveillent au commandement en passant très rapidement par les phases aussi bien à l'aller qu'au retour (1).

Anna, ancien sujet de M. R..., a été longtemps travaillée pour obtenir la lucidité ; elle présente les phénomènes ordinaires de suggestibilité au début, de sensibilité et d'oubli au réveil, s'endort profondément sous l'influence des passes, mais ne présente aucun des autres caractères des états décrits plus haut ; dans

---

ordinaire. Cette anomalie est épineuse et doit mettre le magnétiseur sur ses gardes ; on doit toujours chercher à la détruire et, avec de la patience, on y parvient après plusieurs séances.

« Il en est de même de l'oubli au réveil, circonstance que nous considérons comme très importante ; car, sans ces deux caractères, l'isolement à tout ce qui n'est pas le magnétiseur et l'oubli au réveil, quelles garanties sérieuses peut-on avoir du somnambulisme ? » (CHARPIGNON, *Phys. du Magn.*, p. 70.)

(1) Chez quelques-uns de ces sujets, l'aptitude à la suggestibilité commence dès la veille : ce sont des gens naturellement *crédules*, et elle se continue avec une certaine intensité, jusque pendant l'état de rapport Mme X..., R... et Maria ne se lèvent plus que très difficilement de leur chaise après le réveil, quand, à l'état de rapport, ils ont reçu l'ordre de ne pas pouvoir se mettre debout.

Ces variations de la suggestibilité sont expressément importantes à noter ; il en résulte, en effet, qu'on peut généralement produire

son sommeil elle a des visions qui, paraît-il, se sont quelquefois trouvé des prévisions.

Mme Vix, sujet professionnel, bien connue à Paris, très nettement polarisée, passe avec une régularité extrême, comme Benoist, par toutes les phases ci-dessus décrites, et, en outre, par des phases que je n'ai pu déterminer, jusqu'à la syncope.

Si, au lieu d'imposer la main droite sur sa tête, on impose la main gauche (imposition en hétéronome), on détermine d'abord, comme chez les autres sujets, une excitation, puis un engourdissement et enfin une paralysie générale présentant de telles ressemblances avec la mort que je n'ai point osé continuer les expériences.

On peut se demander si, en prolongeant cette action, on n'obtiendrait pas une série d'états séparés par des léthargies et possédant des propriétés spéciales ; l'état de veille ne serait ainsi qu'une phase particulière et habituelle des diverses modalités dont le cerveau peut être doué ; il constituerait la partie médiane du clavier intellectuel.

Qui sait ce que nous réserve l'avenir ?

---

ou enlever l'hypnose au simple commandement jusqu'à l'état de rapport, mais, lorsqu'on veut aller plus loin, il faut employer des agents physiques. L'action de ces agents, dans les états profonds, montre bien que, dans les états inférieurs, ils agissent aussi, et que la théorie de l'auto-suggestion pour expliquer leurs effets n'est pas admissible d'une façon absolue.

On voit aussi, par les différences présentées par mes sujets, que les caractères que j'ai décrits pour les états de l'hypnose ne sont pas le résultat de l'éducation. C'est à tort que certains observateurs superficiels prétendent qu'on peut façonner les sujets à sa guise ; on développe plus ou moins leurs facultés naturelles, mais c'est là tout.

CHAPITRE II

LES ÉTATS PROFONDS D'APRÈS LES ANCIENS MAGNÉTISEURS ET CHEZ LES YOGHIS DE L'INDE

Les phénomènes de rapport, de sympathie et de vue à travers l'organisme étaient connus depuis longtemps des magnétiseurs ; je me suis borné à les constater de nouveau et à les classer par états en indiquant d'autres traits spécifiques ; c'est ce qu'a fait M. Charcot pour les phénomènes du Braidisme.

Cette classification avait du reste déjà été plus ou moins vaguement entrevue.

« Est-il bien philosophique, dit le docteur Charpignon (*Physiologie du Magnétisme*, 1848, p. 110), de réunir, sous le nom générique d'*extase*, tous les phénomènes d'insensibilité, de catalepsie, de visions diverses, de lucidité, que ces phénomènes soient spontanés, déterminés par la magnétisation ou bien par l'action d'intelligence surhumaine.

« Bien que la signification absolue du mot extase (de *statu dejicio*, renversement de l'état ordinaire) semble légitimer cette manière de voir, nous pensons qu'il serait plus convenable de classer tous les phénomènes dont nous parlons dans le magnétisme, qui, comme nous l'avons dit, présente des groupes bien tranchés, soit relativement aux espèces dans lesquelles on l'observe, soit par rapport aux causes occasionnelles des phénomènes qui sont toujours spontanés ou volontaires. »

Trente ans auparavant, M. de Lausanne (*Des principes et des procédés du magnétisme animal*) divisait les phénomènes du magnétisme en *demi-crise* et en *crise complète;* il indiquait huit degrés pour la demi-crise et quatre pour la crise complète (1), et en décrivait ainsi les traits principaux :

DEMI-CRISE

« 1er *degré.* La personne éprouve une sensation de chaleur ou de froid qui semble suivre la main du magnétiseur. Cette sensation est quelquefois assez intense pour être pénible à supporter. Elle produit généralement chez le magnétisé un étonnement qui fixe sa pensée sur l'action du magnétisme et qui augmente conséquemment son aptitude à recevoir cette action.

_____

(1) Dès l'année 1786, le comte de Lutzebourg avait classé les états des somnambules en degrés et nuances qu'il décrit d'une façon assez confuse en s'attachant surtout à la propriété de reconnaître les maladies. (*Extrait des journaux d'un magnétiseur attaché à la société des Amis réunis de Strasbourg,* p. 28-42.)

Il commence ainsi la description : « Une expérience acquise par l'étude des crises me fait croire qu'il y a quatre degrés dans les crises magnétiques et qu'au dire des quelques somnambules qui en comptent sept, les trois premiers doivent être réputés demi-crises ; au reste, comme le dirait ma somnambule, qu'un escalier ait quatre ou sept marches, ou plus, du palier au faîte, c'est toujours la même hauteur. »

« 2ᵉ *degré*. La personne magnétisée devient lourde, ses yeux se ferment et, sans être endormie, elle ne peut plus ouvrir les paupières, ou remuer les bras et les jambes; ce n'est pas un simple engourdissement : il lui semble que sa volonté n'a plus d'action sur ses membres.

« 3ᵉ *degré*. Le magnétisé est absorbé; ses yeux fermés ne peuvent s'ouvrir et ses paupières lui paraissent collées ensemble : quoiqu'il entende tout ce qui se dit auprès de lui, il ne peut répondre. Le bruit l'incommode et il désire le plus profond silence. Cet état est souvent suivi immédiatement de la crise complète.

« 4ᵉ *degré*. Le magnétisé est légèrement assoupi et ne se rappelle que comme un rêve ce qu'il peut avoir entendu pendant le temps qu'il était dans cet état. Le bruit le réveille et l'incommode.

« 5ᵉ *degré*. Le magnétisé entre dans un assoupissement profond que le magnétiseur est obligé de faire cesser après une heure ou deux, parce qu'il pourrait se prolonger fort longtemps.

« 6ᵉ *degré*. L'action magnétique provoque un sommeil doux et léger; le magnétisé se trouve dans un état de bien-être qu'il ressent encore quelque temps après le réveil.

« 7ᵉ *degré*. Le magnétisé est dans un état apparent de sommeil; ses paupières et tout son corps restent entièrement immobiles; mais il entend ce qu'on lui dit et peut répondre; il prévoit la durée de son sommeil ou la fixe, guidé par l'instinct qui commence à se développer.

« 8ᵉ *degré*. État de sommeil dans lequel le système

viscéral a acquis assez d'irritabilité pour transmettre ses impressions ; mais comme la translation de la sensibilité au centre épigastrique n'est point complète, le malade ne *voit* que confusément son mal, et les remèdes qu'il s'ordonne ne peuvent être que douteux, parce qu'il lie ses impressions et les combine suivant les lois de sa raison ; dès lors, il ne *sent* plus, il juge, et aucune certitude ne peut accompagner des jugements qui ont pour éléments des impressions confuses de l'instinct. A ce degré, le magnétisé est isolé pour certaines personnes, tandis qu'il ne l'est point pour d'autres, c'est-à-dire qu'il entend les premières et non les secondes, ce qui vient du plus ou moins d'analogie qu'il a avec elles.

CRISE COMPLÈTE

« Les quatre degrés de la crise complète présentent des traits communs qui sont les suivants : Le magnétisé ne peut ouvrir les yeux ; il est dans un état apparent de sommeil ; il est entièrement isolé et, quelque bruit qu'on puisse faire autour de lui, il n'entend que le magnétiseur ; en se réveillant, il perd complètement le souvenir de tout ce qu'il a pu voir ou dire pendant la crise, si bien qu'il lui semble même n'avoir point dormi. Le contact de tout ce qui n'est point magnétisé, et particulièrement celui des animaux, lui cause une sensation désagréable qui peut aller jusqu'à lui occasionner des crispations de nerfs.

« Quant à leurs caractères particuliers, les voici :

« 1er *degré*. Le malade voit parfaitement son mal

présent et peut indiquer les remèdes qui lui sont nécessaires, sans cependant prévoir le développement d'un
autre mal dont la cause existe déjà et lui échappe. Il
peut encore annoncer avec précision l'époque de guérison du mal qui l'occupe.

« 2e *degré*. Le magnétisé peut entrevoir, de plus, les
maux des personnes sur lesquelles le magnétiseur a
fixé sa pensée ; cette vision est quelquefois très impar-
faite, et il serait dangereux de se fier aveuglément aux
remèdes qu'il ordonne.

« 3e *degré*. Le magnétisé voit avec certitude le mal
présent et le germe de toute autre maladie qui peut
exister, soit chez lui, soit chez les personnes avec lesquelles il est en rapport. Il annonce l'époque du développement et les périodes de la maladie en indiquant
les remèdes avec la plus grande précision.

« 4o *degré*. Le magnétisé *voit*, de plus, des choses
éloignées et étrangères à son état. Il *prévoit* des événements qui n'ont aucun rapport avec ce qui l'intéresse, et ses prévisions s'accomplissent exactement.

« NOTA. — Dans les troisième et quatrième degrés, le
magnétisé lit dans la pensée du magnétiseur et agit,
dirigé par cette pensée, sans que le magnétiseur ait
besoin de la manifester par aucun signe extérieur. »

On le voit, les anciens magnétiseurs s'étaient beaucoup plus préoccupés des applications pratiques que
des caractères pouvant servir de bases à une théorie ;
ils n'avaient pas reconnu nettement ces alternatives
de léthargie et de réveil apparent que nous avons
constatées, et, comme le fait remarquer M. de Lau-

sanne, leurs sujets brûlaient généralement les étapes
constituées par les cinq derniers degrés de la demi-
crise.

La sensation de bien-être si caractéristique de notre
état de rapport semble cependant signalée dans le
sixième degré de la demi-crise ; nous la retrouvons
indiquée avec plus de précision dans une lettre que le
docteur Fitz Gibbon, médecin royal et agrégé au col-
lège de médecine de Bordeaux, écrivait, le 22 mai 1785,
au marquis de Puységur pour lui rendre compte de
ses expériences magnétiques :

« Une particularité que j'ai remarquée dans mon
petit traitement est un état de plaisir extrême que
ressentent certains hommes ; c'est une extase, un état
extatique de plaisir qui surpasse tout autre connu et
lequel dure quelquefois un quart ou vingt minutes au
plus, et qui se manifeste par ces paroles : O mon Dieu.
que c'est bon ! et ces mots répétés constamment ; les
yeux sont tout ouverts, le corps dans une espèce de
raideur, la respiration un peu gênée, comme si l'on
étouffait de joie ou de plaisir, comme l'on dit commu-
nément. Ils sont vraiment moitié somnambuliques et
moitié cataleptiques, pendant cette crise. Les femmes
n'y sont point sujettes, du moins je n'en ai point vu
dans cet état-là. Je ne sais, monsieur, si vous en avez
vu dans l'état que je vous décris ; *il ne m'a jamais
fallu plus de trois ou quatre minutes* pour les mettre
dans cet état. »

Les Orientaux ont fait, depuis des siècles, des observations analogues. Le Dr Nobin Chauder Paul, assistant chirurgien militaire aux Indes, a publié, il y a

quelques années, un traité théorique et pratique du *yoga*, c'est-à-dire de l'art employé par les extatiques indous pour s'abstenir de manger et de respirer pendant un temps considérable.

Dans ce traité qui a été reproduit par le *Lotus* (nᵒˢ 13 et suivants), on trouve relativement aux états de l'hypnose les renseignements suivants :

« Les mystiques indous (*yoghis*) qui pratiquent le *yoga* demeurent dans des retraites souterraines (*gaepna*) ; ils s'abstiennent de sel dans leurs aliments et sont extrêmement friands de lait dont ils font leur principale nourriture ; ils sont noctambules et restent enfermés pendant le jour : leurs mouvements sont lents et leurs manières engourdies ; ils mangent et se promènent durant la nuit. Ils prennent deux postures appelées *padmâsana* et *sidhâsana*, en vue de respirer aussi peu fréquemment que possible. Ils craignent les changements rapides et les inclémences de la température.

« Quand les yoguis sont capables de se tenir deux heures durant dans les deux postures tranquilles dont il vient d'être parlé, ils commencent à pratiquer le *prânâyama*, phase de transe volontaire caractérisée par une transpiration abondante, par des tremblements de tout le corps, et un sentiment de légèreté dans l'économie animale (1). Ils pratiquent ensuite le *patyâhara*,

---

(1) J'ai retrouvé ce sentiment de légèreté chez Mᵐᵉ K. quand elle est traversée par un courant voltaïque un peu fort (le pôle + dans la main droite et le pôle — dans la main gauche) étant alors dans le commencement de l'hypnose et insensible ; ses membres se soulèvent naturellement et elle dit que si l'on augmentait l'action elle s'enlèverait jusqu'au plancher. Je n'ai pas eu l'occasion de pousser encore plus loin l'expérience.

phase de l'auto-magnétisation durant laquelle les
fonctions des sens sont suspendues. Ensuite ils pratiquent le *dhârana*, phase durant laquelle la sensibilité et le mouvement volontaire cessent complètement
tandis que le corps est capable de rester dans n'importe quelle posture. On dit que l'esprit est quiescent
dans cette phase de la transe volontaire.

« Après avoir atteint le degré de *dhârana* (état cataleptique) les yoguis aspirent à ce qu'on appelle *dhyâna*, phase de l'auto-magnétisation dans laquelle ils
prétendent être entourés par les éclats de la lumière ou
de l'électricité éternelle, appelée *anonta-jyoti* (de
deux mots sanscrits signifiant lumière sans fin ou om-
nipénétrante) qu'ils disent être l'âme universelle (1).
Dans l'état de dhyâna, les yoguis sont dits clair-
voyants. Le *dhyana* des yoguis et la *turya avastha*
des védantins, l'extase des médecins, la soi-contem-
plation des magnétiseurs allemands, et la clairvoyance
des philosophes français.

« L'état de *samddhi* est la dernière phase de l'auto-
transe. Dans cet état les yoguis, comme la chauve-
souris, le hérisson, le hamster et le loir, acquièrent
le pouvoir de se passer de l'air atmosphérique et de se
priver de nourriture et de boisson.

« Il y a eu, dans ces vingt-cinq dernières années,
trois cas de *samdhdi* ou hivernage humain. Le premier cas s'est présenté à Calcutta, le deuxième à
Jesselmere et le troisième dans le Punjab. J'ai été
témoin oculaire du premier cas.

---

(1) Ils volent l'*Od* qui s'échappe de tous les corps ; je rappelle que
cette perception ne se produit généralement que dans l'état de rapport.

« Il y a deux variétés de samâhdi, appelées *sam-prajna* et *asamprajna*. Le colonel Townsend, qui pouvait arrêter le mouvement de son cœur et de ses artères à volonté, et mourir ou expirer à son gré puis revivre, était un exemple de *samprajna samâdhi*. Les yoguis de Jesselmere, du Punjab et de Calcutta, qui entraient dans un état pareil à la mort en avalant leur langue, et qui ne pouvaient pas reprendre la vie à volonté, étaient des exemples d'*asamprajna samâddhi* ; ils ne pouvaient ressusciter qu'avec l'aide d'autres personnes qui retiraient la langue enfoncée dans le pharynx et la remettaient à sa place normale.

« En raison de l'obscurité réelle inhérente à la phylosophie yoga et de mon ignorance absolue de la langue sanscrite dans laquelle sont écrits les principaux ouvrages mystiques de l'Inde, je réclame un peu d'indulgence pour le cas où j'aurais manqué de traiter convenablement ce sujet de la transe volontaire telle qu'elle est pratiquée par les philosophes orientaux à sang froid et hivernants. »

Il n'y a pas lieu de s'étonner que les descriptions des différents états que je viens de rapporter ne soient pas identiques. Non seulement il n'y a pas deux hommes semblables et réagissant de même sous l'influence d'une même action (1), mais les procédés des opéra-

_____

(1) Mme K..., par exemple, est hallucinable par la vue dans tous les états, bien qu'elle garde dans ces états un grand empire sur sa volonté ; les hallucinations auditives sont bien plus difficiles à obtenir, et elle persiste à entendre tout le monde ; il semble que, chez

teurs doivent certainement influer ; il s'agit en effet
vraisemblablement, dans tous ces phénomènes, de
force vitale qu'on accumule tantôt sur un point, tantôt
sur un autre. Enfin ceux qui ont l'habitude d'expé-
rimenter savent combien il est difficile de bien voir
ce qui se passe et de le rapporter exactement ; le fait
le plus simple, le plus aisé à observer est raconté
d'une manière différente par chacun de ceux qui y
ont assisté. Les remarquables concordances que le
lecteur a pu constater sont donc une preuve réellement très sérieuse de la généralité des grandes lignes
que nous avons tracées.

---

elle, l'organe de l'ouïe ne participe pas à l'hypnose des autres organes qui bénéficient de cette insensibilité relative.
« Les divers somnambules, dit Deleuze (*Instruction pratique sur
le magnétisme animal*, p. 142), présentent des phénomènes très
différents ; et le seul caractère distinctif et constant du somnambulisme, c'est un NOUVEAU MODE DE PERCEPTION. Ainsi il est des somnambules isolés, d'autres qui ne le sont pas ; il en est qui sont mobiles
comme des aimants, d'autres n'ont que des facultés intérieures ; il
en est chez qui, toutes les sensations sont concentrées à l'épigastre,
d'autres font usage de quelques-uns de leurs sens ; il en est enfin
qui, après le réveil, conservent, pendant un certain temps, le souvenir des impressions qu'ils ont reçues et des idées qu'ils ont eues
en crise. J'ai dû me borner à exposer ce qui a lieu le plus commu-
nément... »
Un même somnambule ne présente même pas toujours des facultés
constantes ; ces facultés se modifient plus ou moins suivant les in-
fluences physiques extérieures et l'état moral intérieur. Ne voyons-
nous pas les machines de Wimhurst donner sur une de leurs arma-
tures tantôt de l'électricité positive, tantôt de l'électricité négative,
selon le caprice de la machine ! disent les constructeurs.

CHAPITRE III

L'EXTÉRIORISATION DE LA SENSIBILITÉ

La question de la *sympathie* et de la *vue des organes* a été posée même avant les magnétiseurs qui ont eu le mérite de l'étudier avec le plus grand soin.

En 1699, une prétendue sorcière, Marie Bucaille, fut poursuivie et condamnée à mort par le parlement de Valognes, sur le motif qu'elle ressentait sympathiquement le mal des autres, ce qui ne pouvait se faire que par art magique et opération du démon. Le parlement de Rouen mitigea la sentence en une condamnation au fouet et au carcan. Une demoiselle Anne Seville et un curé de Godeville furent condamnés par le même motif. (Luc DESAGE, *De L'Extase.*)

Carré de Montgeron rapporte qu'il arrivait souvent aux convulsionnaires « de prendre les maladies sans savoir si les personnes sont malades, ni la nature de leurs maux. Ils en sont instruits par le sentiment de douleur qu'ils éprouvent dans les mêmes parties. »

Deleuze (*Histoire critique du Magnétisme*, 1ʳᵉ par-

tie, ch. viii) énumère ainsi les propriétés des somnambules :

« Le somnambule... ne voit et n'entend que ceux
avec lesquels il est en rapport. Il ne voit que ce qu'il
regarde, et il ne regarde ordinairement que les objets
sur lesquels on dirige son attention... Il voit ou plutôt
il sent l'intérieur de son corps ; mais il n'y remarque ordinairement que les parties qui ne sont pas
dans l'état naturel et qui troublent l'harmonie. »

« Si une personne malade, dit Charpignon (*Physiologie du Magnétisme*), est mise en rapport avec
une somnambule suffisamment lucide, il se passe
l'un de ces deux phénomènes : la somnambule voit
les parties malades et les décrit avec plus ou moins
de perfection, se servant d'expressions figurées, si elle
ne connaît pas d'avance les noms de ce qu'elle voit ;
ou bien sent, souvent très vivement, les mêmes souffrances que le malade, et indique ainsi le siège du mal
et toutes les sympathies...

« La plupart des somnambules, ajoute-t-il ailleurs,
ressentent les douleurs des personnes avec lesquelles
on les met en rapport. Cette sensation est fugitive et
ne laisse pas de traces au réveil si l'on a bien le soin
de rompre le rapport : si c'est le magnétiseur qui souffre,
la sensation est des plus vives et elle persiste souvent
au réveil. Si l'on continue plusieurs jours à magnétiser dans cette disposition maladive, on inocule à ces
somnambules impressionnables la même maladie. »

Ce dernier fait avait déjà été affirmé par le marquis
du Puységur dans ses Mémoires :

« La susceptibilité qu'ont les malades en crises
magnétiques de gagner avec promptitude certaines

maladies a été plusieurs fois démontrée. Le danger
que courent les somnambules en touchant certains
malades ne doit cependant pas effrayer au point de
ne plus les consulter sur les maladies des autres, mais
il faut le faire avec précautions. »

Le Dr Ch. Bertrand, ancien élève de l'École poly-
technique et père du secrétaire perpétuel de l'Académie des sciences, rapporte trois cas de sympathie ou de vue magnétique qu'il a observés lui-
même.

« J'observais, dit-il (1), une somnambule qu'on
m'avait dit avoir la faculté de reconnaître les maladies... Je ne me contentai pourtant pas de ce qu'on
m'en rapportait et je voulus éprouver la somnambule
sur une malade dont l'état me fût connu d'avance. Je
la mis en conséquence en rapport avec une demoiselle de..., dont la principale affection consistait dans
des accès d'asthme qui la tourmentaient très souvent. Quand la malade arriva, la somnambule était
endormie, et j'étais sûr qu'elle ne pouvait connaître
la personne que je lui amenais. Cependant, après
quelques minutes de contact, elle parut respirer difficilement, et bientôt elle éprouva tous les symptômes
qui accompagnent une forte révolution d'asthme.
Sa voix s'éteignit ; elle nous dit avec beaucoup de
peine que la malade était sujette au genre d'oppression que sa présence venait de lui communiquer à
elle-même. »

(1) *Traité du Somnambulisme et des différentes modifications
qu'il présente.* — Paris, 1823, p. 220.

Une autre de ces somnambules, mise en rapport avec un enfant qui avait un dépôt dans une articulation du bras, fit des efforts inutiles pour soulever son bras à elle, en y ressentant le même mal. (*Ibid.*, p. 232.)

Cette même personne, mise en rapport avec un jeune homme blessé qu'elle ne connaissait pas et qui était entré dans la chambre pendant son sommeil, s'écria : « Non, non, ce n'est pas possible ; si un homme avait eu une balle dans la tête il serait mort. — Eh bien, dit Bertrand, que voyez-vous donc ?—Il faut qu'il se trompe, il me dit que ce monsieur a une balle dans la tête. » Et sous l'influence de son instinct ainsi personnifié, elle indiqua très exactement le trajet de la balle au travers de la tête, en entrant par la bouche, où aucune cicatrice extérieure ne pouvait servir d'indice.

Dans son second livre (*Du Magnétisme animal en France*, Paris, 1826), Bertrand revient encore sur ce sujet : « Je crois, dit-il (p. 428), qu'il n'est personne, pour peu qu'il ait observé quelques somnambules, qui ne les ait vus souvent ressentir, par suite d'un simple contact, les douleurs des malades avec lesquels on les mettait en rapport. »

Le docteur Pételin, de Lyon, raconte qu'un jour, voyant la physionomie d'une de ses somnambules exprimer l'étonnement le plus complet, il lui demanda ce qu'elle avait :

« Je vois l'intérieur de mon corps, dit-elle, et l'étrange forme de tous mes organes environnés d'un réseau de lumière. Ma contenance doit exprimer ce que je sens, étonnement et crainte. Un médecin qui aurait ma maladie serait bien heureux, car la nature lui révélerait tous ses secrets, et, s'il était dévoué à sa profession, il ne voudrait pas, comme moi, d'une prompte guérison. — Voyez-vous votre cœur ? demanda le docteur Pételin. — Oui, il est là. »

Et la malade décrivit les quatre cavités du cœur, la différence de sang à droite et à gauche, les vaisseaux qui partaient de chaque côté.

Une commission, nommée en février 1826 par l'Académie de médecine pour étudier les phénomènes du magnétisme, publia, cinq ans après, un volumineux rapport signé : Bourdois de la Motte, Fouquier, Guéneau de Mussy, Guersent, Itard, J. Leroux, Marc, Thillaye et Husson, rapporteur. Il y est dit que, malgré les recherches faites sur un assez grand nombre de somnambules, la commission n'en trouva qu'une seule qui ait indiqué les symptômes de la maladie de trois personnes avec lesquelles on l'avait mise en rapport.

« La commission, dit le texte, trouva parmi ses membres quelqu'un qui voulut bien se soumettre à l'exploration de la somnambule : ce fut M. Marc. Mlle Céline fut priée d'examiner avec attention l'état de la santé de notre collègue ; elle appliqua la main sur le front et la région du cœur, et, au bout de trois minutes, elle dit que le sang se portait à la tête ; qu'actuellement M. Marc avait mal dans le côté gauche de cette cavité ; qu'il avait souvent de l'oppression, surtout après avoir mangé ; qu'il devait avoir souvent une petite toux ; que la partie inférieure de la poitrine était gorgée de sang ; que quelque chose gênait le passage des aliments ; que cette partie (et elle désignait la région de l'appendice xiphoïde) était rétrécie ; que, pour guérir M. Marc, il fallait qu'on le saignât largement, que l'on appliquât des cataplasmes de ciguë et que l'on fit des frictions avec du laudanum sur la partie inférieure de la poitrine ; qu'il bût de la limonade gommée, qu'il mangeât peu et souvent, et qu'il ne se promenât pas immédiatement après le repas.

« Il nous tardait d'apprendre de M. Marc s'il éprouvait tout ce que cette somnambule annonçait ; il nous dit qu'en effet il avait de l'oppression lorsqu'il marchait en sortant de table ; que souvent il avait de la toux et qu'avant l'expérience il avait mal dans le côté gauche de la tête, mais qu'il ne ressentait aucun gêne dans le passage des aliments.

« Nous avons été frappés de cette analogie entre ce qu'éprouve M. Marc et ce qu'annonce la somnambule ; nous l'avons soigneusement annoté et nous avons attendu une autre occasion pour constater de nouveau cette singulière faculté. Cette occasion fut offerte au rapporteur, sans qu'il l'eût provoquée, par la mère d'une jeune demoiselle à laquelle il donnait des soins depuis fort peu de temps..... »

La *sensation des maladies d'une personne, par le simple contact du sujet magnétisé avec un objet ayant appartenu à la personne,* a été affirmée par Puységur et Tardy de Montravel.

Le docteur Charpignon cite un très grand nombre de cas observés par lui (*Physiologie du Magnétisme,* p. 253-267), où le rapport avait été établi à l'aide d'une mèche de cheveux.

« J'ai vu, dit Lafontaine (*l'Art de magnétiser*, p. 96), une somnambule se gratter tout le corps et y accuser des démangeaisons atroces qui étaient produites par le seul contact des cheveux d'un malade. La personne avait des dartres vives sur toute la surface du corps. »

Le Dr Luys obtient le transfert des maladies nerveuses sur certains de ses sujets par l'imposition sur leur tête d'un aimant en fer à cheval qui a séjourné sur la tête des malades (1).

De ce qui précède, on doit conclure que certains sujets peuvent, dans certains états de l'hypnose, éprouver les symptômes de la maladie de la personne avec laquelle ils sont mis en rapport et même voir les organes intérieurs de cette personne.

L'admission de ces deux faits, ou seulement du premier, a une grande importance au point de vue légal, car il en résulte que, si l'on peut poursuivre les somnambules donnant des consultations médicales, pour exercice illégal de la médecine, il n'y a pas lieu de leur appliquer nécessairement l'article 405 du Code pénal :

« Quiconque, soit en faisant usage de faux noms ou de fausses qualités, soit en employant des *manœuvres frauduleuses* pour persuader l'existence de fausses entreprises, d'un *pouvoir* ou d'un crédit ima-

---

(1) *Du Transfert à distance* à l'aide d'une couronne aimantée, par MM. Luys et Encausse. (Communication faite à la Société de Biologie, séance du 14 novembre 1890.)

ginaire, ou pour faire naître l'espérance ou la crainte d'un *succès*, d'un accident ou de tout autre *événement chimérique*, se sera fait remettre ou délivrer ou aura tenté de se faire remettre ou délivrer des fonds, et aura, par un de ces moyens, *escroqué* ou tenté d'escroquer la totalité ou partie de la fortune d'autrui, sera puni d'un emprisonnement d'un an au moins ou de cinq au plus. »

Bien que la cour de cassation ait confirmé, en 1851, cette manière de voir dans l'affaire des époux Mongruel et du médecin Pyrabouski, associés pour l'exploitation d'un cabinet de consultations magnétiques, la question se pose encore assez souvent devant les tribunaux.

La confiance dans les facultés spéciales de somnambules doit cependant être très limitée. Deleuze raconte à ce sujet (1) une anecdote tout à fait topique.

« J'ai été, dit-il, dernièrement témoin d'une conversation fort intéressante entre deux somnambules qui ne se connaissaient point ; elles se sont réciproquement consultées sur leurs maux ; si elles eussent été plus clairvoyantes, elles auraient été parfaitement d'accord. C'est ce qui n'est point arrivé : chacune a vu une partie des maux de l'autre, mais sans les voir tous, ce qui produisait une différence notable dans le traitement. Une troisième somnambule a été présentée à la première ; celle-ci a fort bien reconnu quel était l'organe affecté ; mais les détails qu'elle a donnés sur la lésion de cet organe annonçaient qu'elle ne

_____

(1) *Histoire critique du Magnétisme animal*, t. I, p. 229.

voyait pas distinctement la nature de la maladie.

« Je ne doute point que ces trois somnambules ne vissent très clairement leur propre état, mais il m'est démontré qu'elles n'ont pas vu de même l'état de celle avec qui on les a mises en rapport ; d'où il suit qu'on peut obtenir par les somnambules des indications très utiles, mais que c'est le comble de l'imprudence de s'en rapporter à eux pour les remèdes sans avoir soumis leurs consultations au jugement d'un médecin. »

Des expériences toutes récentes, faites par des observateurs habitués aux recherches scientifiques, ont confirmé la réalité du phénomène de la *transmission de sensation à distance*, même sans aucun contact apparent (1).

« Mme B..., dit M. P. Janet, semble éprouver la plupart des sensations ressenties par la personne qui l'a endormie. Elle croyait boire quand cette personne buvait. Elle reconnaissait toujours exactement la substance que je mettais dans ma bouche et distinguait parfaitement si je goûtais du sel, du poivre ou du sucre.

« Nous avons remarqué que le phénomène se passe

_____

(1) Ce dernier fait avait déjà été signalé par les magnétiseurs. « Le phénomène de la transmission de sensation du magnétiseur au magnétisé, dit Lafontaine (*Mémoires*, t I, p. 157), se déclara un jour chez Clarisse ; je descendis alors à l'étage inférieur avec deux personnes qui me firent subir mille petites tortures, me tirèrent les cheveux, me chatouillant, me piquant, etc. Quand nous remontâmes, on nous dit que la somnambule avait indiqué toutes ces souffrances, dans l'ordre où elles m'avaient été infligées. C'est là un des phénomènes que j'ai le plus rarement rencontrés. »

encore, même si je me trouve dans une autre chambre... Si, même dans une autre chambre, on me pince fortement le bras ou la jambe, elle pousse des cris et s'indigne qu'on la pince ainsi au bras ou au mollet. Enfin, mon frère, qui assistait à ces expériences et qui avait sur elle une singulière influence, car elle le confondait avec moi, essaya quelque chose de plus curieux. En se tenant dans une autre chambre, il se brûla fortement le bras, pendant que Mme B... était dans la phase de somnambulisme léthargique où elle ressent les suggestions mentales. Mme B... poussa des cris terribles et j'eus de la peine à la maintenir. Elle tenait son bras droit au-dessus du poignet et se plaignait d'y souffrir beaucoup. Or je ne savais pas moi-même où mon frère avait voulu se brûler. C'était bien à cette place-là. Quand Mme B... fut réveillée, je vis avec étonnement qu'elle serrait encore son poignet droit et se plaignait d'y souffrir beaucoup, sans savoir pourquoi. Le lendemain, elle soignait encore son bras avec des compresses d'eau fraîche, et, le soir, je constatai un gonflement et une rougeur très apparente à l'endroit exact où mon frère s'était brûlé, mais il faut remarquer qu'elle s'était touché et gratté le bras pendant la journée... Ce phénomène de la communication des sensations ne se produit qu'après une longue suite de séances et à la fin d'une séance qui a duré elle-même plusieurs heures ; aussi ne l'ai-je pas revu une autre fois avec la même netteté (1). »

La *Society for psychical researches* a étudié cette question pendant trois ans, de 1883 à 1886, et a

(1) *Revue philosophique*, n° 8, avril 1886.

publié les procès-verbaux de ses expériences qui ont donné des résultats concordant dans la très grande majorité des cas. Voici un extrait du préambule de l'un de ces procès-verbaux :

« ..... Nous avons souvent observé une communauté de sensations véritablement remarquable entre l'opérateur et son sujet, phénomène qui pourrait être nommé, d'une façon plus exacte, une transmission de sensation. Ce phénomène est évidemment intimement lié à ceux dont s'occupe le comité de la transmission mentale. Nos expériences diffèrent d'ailleurs en ceci des expériences faites par ce dernier comité, que le sujet n'est pas dans son état normal, mais se trouve plongé dans le *sommeil mesmérique*. Voici comment elles ont été arrangées : Fred. Walls (un jeune homme de vingt ans, le somnambule) était assis sur une chaise, les yeux bandés, et M. Smith se tenait derrière lui. Le sujet fut endormi par M. Smith à l'aide de passes. Ce dernier fut alors piqué ou pincé dans différents endroits assez fortement et *cette opération durait généralement une ou deux minutes*. Un silence absolu fut observé, à l'exclusion d'une question nécessaire : « Sentez-vous quelque chose ? » Cette question était prononcée par M. Smith, puisque le sujet paraissait ne pas entendre les autres personnes. Dans la première série d'expérience, M. Smith tenait l'une des mains du sujet, mais cette précaution ayant été constamment trouvée inutile, tout contact entre l'opérateur et son sujet a été rompu dans les expériences ultérieures (1). »

---

(1) *Proceedings of the Society for psychical researches*, V. I. Part. III.

La question de l'*action des remèdes à distance*, dont j'ai dit un mot à propos de l'état de rapport, a soulevé de telles protestations lors d'une communication faite sur ce sujet par le Dr Luys à l'Académie de médecine qu'il ne me paraît pas inutile de rappeler qu'elle a été maintes fois observée par des expérimentateurs opérant d'une façon tout à fait indépendante.

Parmi les contemporains, je me bornerai à citer les professeurs Bourru et Burot, à Rochefort, le D^rDufour, à l'asile départemental de Saint-Robert, et à renvoyer pour le détail de leurs expériences et des miennes à mon livre sur les *Forces non définies* (1).

Dans le livre premier, chapitre xxii de la *Magie naturelle*, J.-B. Porta affirmait déjà que des symphonies, exécutées sur des instruments fabriqués avec des planches de bois médicinal, produisaient le même effet que les médicaments tirés de ces plantes mêmes.

En 1747, un médecin de Venise, Pivati, avait constaté d'abord que, lorsque des substances odoriférantes se trouvent dans l'intérieur d'une bouteille en verre et que l'on électrise cette bouteille, les odeurs transpirent à travers le verre et se répandent dans l'atmosphère : puisque, lorsque des substances sont placées dans les mains de personnes que l'on électrise, ces substances communiquent leurs vertus médicales à ces personnes qui peuvent ainsi éprouver l'effet des médicaments sans les prendre à la manière ordinaire.

----

(1) Voir aussi : *La Suggestion mentale et l'action à distance*, par les Drs Bourru et Burot. Paris, 1887. (Biblioth. Scient. intern.)

Pivati effectua ainsi, dit-on, des cures remarquables.

Les expériences de Pivati furent confirmées par celles de Vérati (de Bologne), de Bianchi (de Turin), ainsi que par le professeur Wintkler (de Leipsig) qui s'est assuré du pouvoir de l'électricité sur le soufre, la canelle et le baume du Pérou.

Il y a une quarantaine d'années, le Dr Viancin reprit ces expériences, peut-être sans les connaître, et voici quelques passages des lettres qu'il écrivait au Dr Charpignon (1).

« L'ingestion des actions dynamiques des substances est constante sur tout le monde. Cette ingestion se fait par des insufflations le plus souvent et à l'aide de tubes de verre dont la forme a la plus grande influence. Pour la plupart des remèdes, quel que soit le point que l'on magnétise par insufflations ou autrement, toute l'organisation ne peut manquer d'être envahie par le dynamisme du remède, dont les symptômes se trahiront sur leurs points d'élection ordinaire, excepté toutefois l'ipécacuanha et plusieurs autres substances. Ainsi, par le magnétisme, l'ipécacuanha donne le tétanos comme la strychnine et agit surtout sur le cœur et sur le poumon ; le mercure donne le plus souvent le tremblement mercuriel.

« Léonidas Guyot a failli faire périr un médecin réfractaire, en le magnétisant à travers la noix vomique ; il a ensuite dissipé les accidents, comme on le fait ordinairement, avec des passes. Avec du colchique, il a purgé toute une chambrée..... J'ai guéri

----

(1) Dr Charpignon, *Physiologie, médecine et métaphysique du Magnétisme*, p. 59.

d'une manière éclatante, dans dix jours, une méningite chronique sur un enfant, en le magnétisant à travers le laudanum Rousseau. M. J., se magnétisant à travers l'iode par insufflation, s'est guéri d'un hydrocèle compliqué d'œdème du cordon. M. Toupielle vient de corriger un employé, stupide et vieux réfractaire, en le magnétisant pendant deux heures avec de l'aloès ; le lendemain, le vieux récalcitrant a été pris d'une diarrhée qui dura plusieurs jours. »

Il n'y a là, du reste, sauf la différence du véhicule, qu'un phénomène identique au transport invisible des particules matérielles d'un corps sous l'influence de l'électricité, transport qui s'effectue tous les jours sous nos yeux sans que nous nous en étonnions (1).

Le tort qu'on a dans toutes les expériences de ce genre, c'est de croire qu'on peut les reproduire à volonté ; il est, en effet, facile à comprendre que des sujets assez sensibles pour percevoir des impressions

_____

(1) La galvanoplastie n'est, en effet, pas autre chose et les deux expériences suivantes, récemment relatées dans une chronique scientifique par le Dr Foveau de Courmelles, font, pour ainsi dire, sauter aux yeux ce transport :

1º Dans une cuve de verre remplie d'eau dont le fond est incliné, on place à la partie la plus basse un globule de mercure au contact de l'électrode positive d'une pile ; à la partie la plus relevée du fond du vase on fait aboutir l'électro négative. Quand le courant a passé quelque temps on reconnaît que des particules infinitésimales de mercure ont traversé l'eau de bas en haut, d'une façon invisible pour nous, et sont venues recouvrir la surface de l'électrode négative qui donne le précipité laiteux caractéristique du chlorure de mercure quand on le met en présence d'un chlorure quelconque, dissous et incolore.

2º Si l'on place du prussiate de potasse à l'*intérieur* d'un morceau de peau de poulet plusieurs fois repliée sur elle-même, et qu'*extérieurement* on applique deux électrodes imbibées de sulfate de fer, on ne tarde pas à voir se développer sur la peau de poulet la coloration bleue caractéristique de la réaction de la dissolution incolore du sulfate de fer dans l'eau sur la dissolution légèrement jaunâtre du prussiate de potasse.

aussi faibles que les émanations dont il est question
doivent être profondément troublés par les regards
et, même par la simple atmosphère des assistants :
c'est comme si l'on voulait étudier les oscillations
d'un pendule en moelle de sureau exposé à tous les
vents.

Le phénomène de la *transmission de pensée* est
affirmé par tant de magnétiseurs sérieux, qu'il me
paraît fort difficile d'en nier l'existence (1). Mais je
crois que cette transmission est infiniment plus rare
qu'on ne le suppose ; on va certainement beaucoup
trop loin quand on prétend expliquer, par cette faculté des sujets, les expériences analogues à celles de
Reichenbach, où les faits mettent en évidence des lois
qu'on suppose n'exister que dans l'esprit de l'opérateur. Pour ma part, depuis plus de dix ans, je n'ai
jamais négligé l'occasion de constater la transmission
de pensée et j'y suis très rarement parvenu.

J'ai déjà parlé de ce garçon coiffeur qui, une seule
fois, avait exécuté deux ou trois de mes ordres men-
taux. Voici quelques autres cas que j'ai observés :

Un soir, après une longue séance où Mme X***,

---

(1) Au dernier Congrès de l'Association britannique pour l'avancement des sciences, M. Lodge, président de la Section des Sciences
mathématiques, s'exprimait ainsi dans son grand discours :
« Tout le monde sait qu'une pensée éclose dans notre cerveau
peut être transmise au cerveau d'une autre personne, moyennant
un intermédiaire convenable, par une libération d'énergie, sous
forme de son par exemple, ou par l'accomplissement d'un acte mécanique, l'écriture, etc. Un code convenu d'avance, le langage et un
intermédiaire matériel de communications sont les modes connus de
transmission de pensées. Ne peut-il exister aussi un intermédiaire
immatériel (éthéré peut-être) ? Est-il donc impossible qu'une pensée
puisse être transportée d'une personne à une autre par un processus

déjà citée, avait été magnétisée par moi et avait donné
des preuves d'une sensibilité extraordinaire, j'eus
l'idée, en rentrant dans mon appartement situé à
plusieurs kilomètres de son hôtel, de lui donner
l'ordre de me rapporter, le lendemain à onze heures,
un gros livre que je lui avais prêté dans la journée.
Je mis toute mon énergie à cet ordre et je le répétai
plusieurs fois à haute voix, supposant qu'à cette
heure Mme X^*** devait être endormie ou du moins
dans un calme et un isolement favorables. Le lendemain je ne vis rien venir, ce qui ne m'étonna pas ;
mais le surlendemain je fus fort surpris de voir
un domestique m'apporter le livre que Mme X^***
n'avait certainement pas eu le temps de lire. Je cou-
rus chez elle, et lui dit : « Mon livre ne vous a donc
pas intéressé, que vous me le renvoyez si vite? — Au
contraire, répondit-elle, mais depuis hier à onze
heures, je suis obsédée de l'idée que vous en ayez
besoin, et je vous l'aurais rapporté moi-même si je
n'avais été fort occupée. »

J'ai essayé plusieurs fois depuis de reproduire des
phénomènes analogues avec la même personne ; j'ai
constamment échoué.

Zamora *liseur de pensées*, s'est prêté aux expériences d'un petit groupe de chercheurs dont je faisais
partie. Je suis parvenu, à deux ou trois reprises,

---

auquel nous ne sommes pas accoutumés et à l'égard duquel nous ne
savons rien encore ? Ici j'ai l'évidence pour moi. J'affirme que j'ai
vu et je suis parfaitement convaincu de la vérité du fait. D'autres
ont vu aussi. Pourquoi alors parler de cela à voix basse comme d'une
chose dont il faille rougir ? De quel droit rougirions-nous donc de
la vérité ?

dans une même soirée, à lui faire exécuter, par un ordre mental, des actions peu compliquées, comme d'aller chercher un parapluie dans le vestibule, de l'ouvrir et de le présenter à une des personnes présentes ; mais, pour cela, il a fallu, sur ses propres indications, décomposer l'ordre, et répéter énergiquement en moi-même : « Allez dans le vestibule » ; puis, quand cette action était accomplie : « Prenez un parapluie » ; puis : « ouvrez-le », et enfin : « Apportez-le à M. A. »

Quelques essais n'ont pas réussi ; dans tous les cas, Zamora était en somnambulisme quand il opérait. Le somnambulisme était produit simplement par l'occlusion des yeux sous le bandeau qu'il se faisait mettre dans l'unique but, croyait-il, de s'isoler davantage des distractions extérieures ; j'ai pu, en effet, lorsqu'il avait le bandeau, lui donner des suggestions à échéances qu'il ne se rappelait pas lorsqu'il avait les yeux ouverts et qu'il exécutait ponctuellement, bien qu'il ne soit pas suggestible à l'état de veille.

Zamora nous disait que, dans des cas fort rares, il percevait, d'un seul coup, la pensée de certaines personnes ; mais c'était là un éclair fugitif dont il ne pouvait se rendre compte.

Je ne ferai que rappeler ici une autre faculté qu'auraient certains somnambules de *voir à distance* et de *prévoir l'avenir*. Je crois que cette faculté existe réellement parce qu'on en cite des exemples très frappants ; mais je suis convaincu aussi que, comme la transmission de pensées, elle est extrêmement rare, ne se manifeste que par éclairs, et que l'on est presque toujours abusé par l'imagination du sujet. Chaque fois que j'ai pu faire la preuve, j'ai reconnu que le sujet n'avait eu que des hallucinations. Je suis du reste en cela du même avis que Deleuze qui rapporte le fait suivant (1) :

« Mme de ***, mère de deux enfants dont elle est uniquement occupée, étant malade depuis quelques jours, son mari a essayé de la magnétiser, et, dès la première fois l'a mise en somnambulisme. Dans cet état, Mme de *** *a annoncé les crises et l'issue de sa maladie et a donné d'utiles conseils pour un de ses enfants qui étoit indisposé.* Son mari, enchanté de la pénétration qu'elle montroit et de la facilité avec laquelle elle s'énonçoit, l'a laissée parler sur divers sujets et, après sa guérison a continué à la mettre en somnambulisme par curiosité. Bientôt l'imagination de Mme de *** s'est exaltée et elle a vu les choses les plus extraordinaires. Elle a indiqué à son mari le lieu où étoient cachés des papiers importants pour sa famille. Ces papiers, disoit-elle, y avoient été déposés dans des temps de trouble par un de ses parents, mort depuis plusieurs années qui lui apparoissoit et lui donnoit tous les renseignements possibles pour les retrouver.

« Les visions de Mme *** s'étant prolongées pendant trois mois sans qu'elle en conservât le moindre souvenir à l'état de veille et tout ce qu'elle

_____

(1) *Histoire critique du Magnétisme animal.* 1re partie, p. 230.

disoit étant parfaitement lié, son mari, qui ne voyoit
dans tout cela qu'un phénomène incompréhensible,
s'est cependant déterminé à vérifier les faits, pour
savoir d'une manière positive à quoi s'en tenir.
Il s'est en conséquence transporté dans l'endroit qui
lui avoit été désigné, et non seulement il n'a rien
trouvé, mais il s'est assuré que les lieux qui lui avoient
été décrits ne ressembloient nullement à la description et qu'il n'y avoit rien de vrai dans les visions de
sa femme. »

On peut se rendre compte de la plupart des faits
précédents, qui tous procèdent de l'extériorisation de
la sensibilité, à l'aide des études que je poursuis en ce
moment et dont j'exposerai plus tard les résultats ; je
me bornerai ici à en indiquer le phénomène fon-
damental que j'ai été le premier, je crois, à reconnaître.

Dès qu'on magnétise un sujet, la sensibilité disparaît
chez celui-ci à la surface de la peau. C'est là un fait
établi depuis longtemps ; mais ce que l'on ignorait, c'est
que cette sensibilité *s'extériorise* : il se forme, dès
l'état de rapport, autour de son corps une *couche sensible* séparée de la peau par quelques centimètres. Si
le magnétiseur ou une personne quelconque pince,
pique ou caresse la peau du sujet, celui-ci ne sent rien ;
si le *magnétiseur* fait les mêmes opérations sur la
couche sensible, le sujet éprouve les sensations cor-
respondantes.

De plus on constate qu'à mesure que l'hypnose
s'approfondit, il se forme une série de couches ana-

logues à peu près équidistantes (1), dont la sensibilité décroît proportionnellement à leur éloignement du corps. Avec Mme K..., j'ai pu reconnaître ces couches à plusieurs mètres. Elles traversent presque toutes les substances, et ce sont elles qui font percevoir les organes intérieurs du corps.

D'après les sujets qui voient bien le fluide à l'état de rapport, on peut représenter le phénomène par le schéma ci-dessous où l'intensité de la sensibilité

Fig. 2. — Schéma des couches sensibles.

est indiquée par l'intensité de la teinte qui, pour eux, est une lueur plus ou moins vive ; on y reconnaît la présence de *nœuds* et de *ventres* comme dans toutes les propagations de mouvement scientifiquement étudiées jusqu'ici (2)

(1) Cette équidistance est le double de la distance qui sépare la première couche sensible de la peau du sujet qui est insensible.

(2) L'homme qui se contente du témoignage de ses sens pour apprécier ce qui se passe autour de lui est naturellement conduit à ramener le monde entier à deux entités essentielles : *la Matière* et *l'Énergie* :

La Matière inerte et l'Énergie qui la fait mouvoir.

Mais si, par la pensée, il cherche à aller plus au fond des choses, il ne tarde point à s'apercevoir que la première fuit, pour ainsi dire, devant lui. Quelque petit que soit l'atome auquel il la réduise, il peut concevoir un atome encore plus petit ; et cet atome, il peut, par l'imagination, le dépouiller successivement de toutes les propriétés qui constituent pour lui la matière telle qu'il la perçoit tous

L'écartement des couches sensibles varie avec l'état
de santé du sujet, son *degré d'élection* pour le magnétiseur, et la profondeur de l'hypnose : je l'ai vu de
0^m05 chez Mme K... et de près de 0^m50 chez Mme V...

---

les jours ; il peut le supposer sans étendue, sans lumière, sans chaleur, sans poids, etc.

L'énergie au contraire se montre partout ; aussi loin qu'on plonge
ses regards dans l'infiniment grand comme dans l'infiniment petit,
son action s'affirme évidente, pour soutenir les mondes et pour
réunir les atomes inconcevables.

De telle sorte qu'on est arrivé à se demander si la Matière existait
et s'il y avait autre chose que l'Énergie.

D'autre part, il n'est guère possible de comprendre que l'Énergie
n'ait pas pour *support* une entité différente qui sert à propager son
action. Du reste une science positive, la mécanique rationnelle, parvient à expliquer non seulement le mouvement des astres, mais
encore la plupart des phénomènes physiques que nous observons à
l'aide de l'hypothèse d'un milieu transmissif de la force, composé
d'une substance à la fois très subtile et très élastique.

Dès lors tous les corps seraient formés de particules matérielles
infinitésimales animées chacune de mouvements propres extrêmement rapides dont telle composante affecte tel ou tel de nos organes
et non les autres de manière à produire la sensation du toucher, de
la vue, du son, de la chaleur, etc.

Voilà bien l'hypothèse moderne.

Mais comment ces atomes dont la petitesse défie l'imagination,
s'ils existent, peuvent-ils nous donner à l'aide de simples vibrations, ces impressions diverses. La chose est assez difficile à concevoir pour qu'il ne soit point sans intérêt d'en chercher une preuve
directe dans d'autres conditions. Cette preuve sera fournie par une
expérience qu'il est facile de répéter.

Mettez un sujet dans l'état de somnambulisme, les yeux ouverts,
présentez lui votre montre et donnez-lui la suggestion suivante :

« Au réveil vous verrez sur cette table quatre montres semblables
à celle-ci.

« La première, placée ici, vous la verrez seulement, mais ce ne
sera qu'une apparence, vous ne la sentirez pas quand vous essaierez
de la prendre.

« La deuxième, placée ici, vous la verrez, vous la sentirez au
toucher, mais elle n'aura pas de poids.

« La troisième, ici, vous la verrez, vous sentirez son contact, son
poids, mais vous n'entendrez pas son tictac, vous ne verrez pas
marcher les aiguilles.

« La quatrième, ici, vous la verrez, vous sentirez son contact, son
poids ; vous entendrez son tictac ; vous verrez marcher les aiguilles : celle des secondes, celle des minutes et celle des heures
comme elles doivent marcher. »

En opérant sur différents sujets on obtient des résultats légère-

qui relevait d'une grave maladie. Il semble que, dans certains cas, les positions de ces zones se modifient comme si le *magnétisé* cherchait toujours à maintenir le contact avec le magnétiseur.

Le contact de l'or sur une des couches provoque chez certains sujets une sensation très vive de brûlure. Des sensations analogues sont provoquées par les sels d'or, par le mercure et ses amalgames, l'argent, etc.

---

ment différents suivant la vivacité de leur imagination : mais, pour tous, si la suggestion a été donnée avec la précision nécessaire et le degré d'énergie qui convient à leur impressionabilité, l'illusion est si complète qu'ils ne parviennent pas à distinguer la montre n° 4 de la montre véritable quand on la leur présente à la fin de l'expérience.

La matière, telle qu'elle existe pour nous, a donc été reconstituée pour eux par l'adjonction successive de ses diverses propriétés ; seulement au lieu de la percevoir à l'aide des vibrations communiquées aux extrémités extérieures des nerfs sensitifs par les vibrations des corps eux-mêmes, ils la perçoivent à l'aide des vibrations communiquées aux extrémités intérieures de ces mêmes nerfs par la *Pensée*, c'est-à-dire par quelque chose que nous ne concevons pas comme matière mais comme force.

CHAPITRE IV

LE FLAIR ET LA PISTE

L'hyperesthésie du sens du toucher que j'ai signalée pour Benoist dans l'état de lucidité rappelle le cas célèbre du *sourcier* dauphinois Jacques Aymar qui, en 1692, suivit à la piste un meurtrier depuis Lyon jusqu'à Avignon. J'ai été pour ainsi dire témoin, à Blois, en 1886, d'un fait analogue.

Le sergent B..., du 113ᵉ de ligne, sur lequel j'avais fait quelques expériences relatives à la polarité, était sujet à des accès de somnambulisme naturel se reproduisant en moyenne tous les huit ou dix jours. L'accès s'annonçait généralement dans la journée par un grand besoin de sommeil; et, le soir, B... s'endormait dès qu'il était au lit. Deux heures après environ, il se levait, s'habillait, allait s'asseoir à sa table, et parlant alors tout haut, il racontait le plus souvent ce que faisaient à ce moment-là les personnes avec lesquelles il était en relation ; de là des révélations piquantes, mais fort ennuyeuses, parce que son camarade de chambrée était toujours là pour les recueillir.

Un vol fut commis au régiment ; on avait pris pendant la nuit le porte-monnaie d'un sergent-major dans la poche de son pantalon déposé sur une chaise près de son lit. Quatre ou cinq nuits après, B..., qui avait beaucoup entendu parler de l'affaire, prend son accès de somnambulisme à l'heure ordinaire, mais, au lieu d'aller à sa table, il sort de sa chambre, suivi de son camarade qui tenait à savoir ce qu'il allait faire.

Il se rend droit à la chambre du sergent-major volé, regarde le pantalon, *flaire le plancher*, et, la tête penchée, les narines ouvertes, comme un chien qui suit une trace, il longe les corridors, descend les étages, traverse la cour, s'arrêtant parfois pour se coucher à terre et renifler en maugréant de ce qu'il ne sentait presque plus ; enfin, après quelques crochets vers les angles des bâtiments où le voleur imaginaire qu'il suivait ainsi semblait avoir guetté s'il n'y avait personne plus loin, il enfile un corridor, monte un étage et va droit au lit d'un soldat qu'il ne connaît pas du tout et dans la chambrée duquel il n'avait jamais mis les pieds ; là, après quelques secondes d'examen, il dit avec dépit : « *Trop tard !* » puis retourna se coucher.

Le lendemain, l'histoire se répandit. Le soldat ainsi désigné avait une mauvaise réputation ; on l'arrêta, on fit une enquête, au cours de laquelle, étonné de la précision avec laquelle on lui décrivait son itinéraire, il se laissa aller à dire : « *On m'a donc suivi ?* » Mais cette preuve ne pouvait suffire et on dut le relâcher, bien que tout le monde fût convaincu de sa culpabilité.

Deux ans plus tard, à Grenoble, se produisit un

fait plus curieux encore, en ce sens que le chercheur et le voleur ne faisaient probablement qu'un.

On avait volé un billet de cent francs, faisant partie d'une somme plus considérable, dans le tiroir du chef d'un bureau où travaillait un commis qui m'avait servi de sujet. Tous ses collègues l'accusaient ; mais, ayant peine à le croire coupable, je cherchai à le disculper en essayant de lui faire trouver le véritable voleur. Trois jours après l'événement, je l'endormis et le poussai aussi loin que possible dans l'hypnose ; puis je le conduisis jusqu'au tiroir ; je lui fis toucher le sac sur lequel il reconnut un contact qu'il suivit immédiatement, les yeux fermés, en palpant le sol et les murs avec ses mains. Il me conduisit ainsi jusqu'à la porte de sa chambre située dans la même maison, mais là il se rejeta brusquement en arrière, pleurant et geignant : « *Ce n'est pas moi ! ce n'est pas moi !* ». Puis il reprit la piste, descendit un escalier de service, traversa en diagonale une cour intérieure où je reconnus, sur le chemin qu'il parcourait, des traces de pas encore empreintes dans la terre d'un petit jardin, ouvrit une porte de remise à deux battants fermée à clef, en soulevant la barre d'appui, et il s'apprêtait à continuer sa course dans la rue où donnait cette porte, quand je l'arrêtai.

Interrogé sur l'heure où le vol s'était produit, il s'écria avec terreur : « *Je le vois ! je le vois !* », et il ajouta en pleurant que c'était à 11 heures, le dimanche soir (on s'était aperçu de la soustraction le lundi matin).

Je le ramenai alors au tiroir et lui présentai divers objets appartenant aux employés du bureau. Il palpait

successivement ces objets, puis le sac qui avait contenu le billet, et déclarait que ce n'était pas le même
contact; mais si l'objet présenté lui appartenait, il
retirait vivement les mains comme s'il s'était brûlé,
en sanglotant et en protestant de son innocence.

Quelques jours après, une seconde expérience donna
les mêmes résultats. Plus tard, sur d'autres indices,
on acquit les convictions de la culpabilité de ce jeune
homme, presqu'un enfant, et on se borna à le renvoyer.

Bien que ce cas, pas plus que le précédent, ne puisse
être invoqué comme une preuve certaine, il n'en
donne pas moins des indications intéressantes sur
cette sorte d'instinct analogue à celui qui lance
aveuglément le chien de chasse sur la piste du gibier,
et sur la persistance, dans le sommeil, des résolutions
prises à l'état de veille.

On est ainsi conduit à admettre que le corps
humain dégage, dans certaines conditions encore mal
déterminées, des émanations qui peuvent être actives
ou passives, suivant les cas.

Le problème me semble posé d'une façon déjà suffisamment nette pour qu'on prenne la peine de l'étudier.

CHAPITRE V

L'EXTASE

Or confond souvent sous le nom d'*extase* des phénomènes tout à fait différents.

On sait combien est vive l'action produite par la
musique sur la plupart des sujets à l'état cataleptique.
Si la musique est douce, le sujet, tout entier au plaisir qu'elle lui cause et aux idées qu'elle lui suggère,
joint les mains (fig. 3), lève les yeux au ciel et prend
les poses qu'on voit dans l'extase religieuse. Mais si la
musique était gaie, le sujet manifesterait de la gaieté :
si elle était triste, de la tristesse, etc. La pose représentée
par la figure 4 et provoquée par l'air de la *Marseillaise*
montre qu'il n'y a là qu'une mimique plus ou moins
parfaite des sentiments que fait naître l'air joué.

Les poses extatiques pourraient être également
produites dans cet état par la simple pression du
milieu du front, ainsi qu'on l'a déjà vu dans le
chapitre Ier. Là encore, il n'y a qu'un sentiment

5

développé par une action physique sur certaines cellules du cerveau, car on amène des sentiments et des poses différentes par d'autres attouchements.

Fig. 3.

Quand l'hypnose est plus profonde, le magnétiseur peut provoquer les mêmes phénomènes par les mêmes procédés (musique et attouchements sur le crâne) avec plus d'intensité encore, car dans l'état cataleptique le sujet est muet et se borne à exprimer ce qu'il ressent par des gestes tandis que, dans l'état de rapport et dans les suivants, il raconte les visions qu'il perçoit.

Fig. 4.

D'après les anciens magnétiseurs, certains sujets finissent par arriver à un état où ces impressions sont poussées à un tel degré d'intensité qu'on a cru devoir les expliquer en disant que l'âme se dégageait du corps.

« L'extase magnétique, dit Charpignon (1), se montre encore bien plus rarement que le somnambulisme ; à peine la rencontre-t-on une fois sur vingt cas de somnambulisme lucide, ce qui suppose presque deux cents sujets magnétisés, car nous croyons que bien souvent on a pris de la haute lucidité pour l'extase.

« Ce phénomène ne se manifeste que chez les somnambules très lucides, et principalement chez ceux qui sont portés à des sentiments d'une religion tendre ou élevée ou qui sont animés d'un amour profond ; sur ces sujets la crise s'opère spontanément ; sur les autres, elle peut être provoquée par l'art. Étudions d'abord l'extase déterminée par le magnétisme.

« Il arrive qu'en magnétisant avec énergie un somnambule prédisposé à la crise dont nous parlons, *il cesse tout à coup d'entendre son magnétiseur ; il pâlit, ses membres s'affaissent complètement, et, si l'on ne sentait encore des battements au cœur, on croirait que la mort vient de frapper le somnambule.* C'est que ce surcroît de fluide magnétique a comme rompu les centres où la circulation nerveuse se faisait, et que l'âme inondée de cette lumière se trouve sur le point de perdre ses rapports avec le corps. Elle est sur la limite du monde physique, attirée par le monde spirituel qui est lumière pure. Alors, si l'on reste observateur, on voit le visage de l'extatique exprimer un sourire de bonheur ; il demeure silencieux ordinairement, quelquefois il parle seul et très bas ; ce que l'on

(1) *Physiologie du Magnétisme,* p. 96 et suivantes.

peut saisir, ce sont les expressions d'amour, de béatitude, adressées à un être qui semble converser avec lui, ou bien ce sont des paroles de consolation, des conseils sur un événement d'avenir adressés à celui qui occupe les pensées de l'extatique ; très rarement il pense pour lui : il a oublié la terre... Après une demi-heure de durée, cette crise s'éteint, et le somnambulisme se rencontre comme avant sans qu'il reste aucun souvenir de ce qui s'est passé dans l'extase... La plupart des extatiques qu'on laisse *libres* dans la crise disent voir un ange qui s'intéresse à eux et les conseille...

« Les extatiques qui ont ces visions célestes et ces tendances d'abnégation personnelle sont toujours des jeunes personnes dont l'âge n'a pas permis au souffle des passions de ternir la candeur de l'âme, ou des individus dont la vie est remplie de vertus. Quelle que soit d'ailleurs leur religion, le caractère mystique est le même; amour, indifférence pour les affections terrestres, désir ardent du ciel, visions d'êtres spirituels. Cette assertion que nous répétons d'après Deleuze nous paraît fort contestable et demande, pour être admise, plus d'études comparatives en différents pays.

« Ce n'est guère que dans l'extase que l'on observe de ces vues à distance subite et sans qu'il existe aucun rapport entre les lieux et le sujet, ou de ces communications intimes des pensées... ou bien encore qu'on le voit *pris de la maladie d'un étranger en symptômes et en douleurs, et le malade subitement soulagé.*

. . . .

« Parmi les extatiques religieux ou très affectueux,

on en observe qui se font un bonheur de mettre à profit la faculté d'influence dont jouit tout somnambule lucide pour soutirer le principe morbide qui entretient une maladie dans une personne qu'ils ont prise en amitié. Ainsi, auprès d'eux, le malade ne sent plus ses souffrances; ce soulagement continue plus ou moins longtemps ; et si *le rapport est souvent répété, la guérison a lieu, tandis que l'extatique est pris de fièvres et de douleurs, et les mêmes organes présentent chez lui les mêmes symptômes de maladie.* Cette absorption de maux a lieu sans qu'on s'en doute ; l'extatique est concentré : il vous prend ordinairement la main comme d'amitié, et, pendant que vous le contemplez et que vous donnez cours à votre réflexion, il aspire volontairement le mal qui vous détruit. »

Ceux qui suivent la marche de la science moderne ont certainement été frappés du rapport entre les derniers faits que je viens de rapporter et les guérisons par *transfert* obtenues à l'hôpital de la Charité par le Dr Luys (1) M. Luys détermine artificiellement, au moyen de passes avec un aimant sur le malade, une *déséquilibration* entre les états nerveux des deux individus mis en présence, de telle sorte que l'un, se

---

(1) Voici un exemple de transfert produit par Lafontaine d'une façon tout à fait imprévue et cité par lui :

« J'ai magnétisé un jeune peintre, M. Devienne : j'étais extrêmement fatigué en arrivant chez lui, et je lui demandai un verre d'eau sucrée. Il m'apporta du vin et du sucre ; et j'en bus, tout en magnétisant, plusieurs verres qui auraient pu, en toute autre circonstance, agir sur moi. J'étais excessivement calme, mais, au réveil, M. Devienne était tout à fait gris, au point même de ne pouvoir manger de toute la journée. » (*L'Art de magnétiser*, Paris, 1852, p. 245.)

trouvant, pour ainsi dire, rempli jusqu'au bord, se déverse dans l'autre. C'est, pour employer une autre image, comme si l'on avait deux vases dont le premier contiendrait une liqueur toxique et le second de l'eau ; en mettant le premier en communication avec le second, on dilue la liqueur qui s'y trouve et, à la fin de l'opération, le liquide contenu dans les deux récipients est le même ; la toxicité de l'un s'est affaiblie de toute celle qui a été transmise à l'autre. Au bout d'un certain nombre d'opérations analogues, la liqueur du premier finira par être devenue tout à fait inoffensive.

D'après cette manière de concevoir les choses on pourrait arriver à peu près au même résultat en saturant le malade d'un fluide quelconque non morbide, soit avec des passes à la main, soit avec une machine électrique : c'est en effet ce qui se produit.

Dans le transfert extatique, les choses paraissent ne pas se passer exactement de la même façon. J'emploie encore une comparaison à laquelle je prie le lecteur de ne pas attacher d'autre importance que celle d'un procédé mnémonique : le vide se fait dans le corps de l'extatique par l'extériorisation de son fluide sous l'influence de cause morale ou physique, et alors ce corps aspire le fluide du malade. On a vu, en effet, qu'à mesure que le sujet s'approfondissait dans l'hypnose, sa sensibilité se transportait plus au dehors.

Voici maintenant comment certains somnambules expliquent eux-mêmes cette crise suprême de l'extase:

Le D⁺ Chardel rapporte (1) qu'un jour, ayant poussé

_____

(1) *Esquisse de la nature humaine expliquée par le magnétisme animal.* Paris, 1826.

très loin une somnambule, il lui récita, sur sa demande
une tragédie de Racine, et il le fit en exprimant avec
émotion les sentiments suscités par le poète. La jeune
femme qui l'écoutait s'exalta au point de tomber sans
connaissance. Jamais privation de sentiment ne fut
plus effrayante ; le corps avait toute la souplesse de la
mort : chaque membre que l'on soulevait retombait
de son propre poids, la respiration s'était arrêtée, le
pouls et les battements du cœur ne se faisaient plus
sentir ; les lèvres et les gencives se décolorèrent et la
peau, que la circulation n'animait plus, prit une teinte
livide et jaunâtre ? Chardel parvint à ranimer par des
insufflations sa somnambule qui, dès que la parole lui
fut revenue, l'assura que, bien que la circulation san-
guine fût revenue partout, la circulation nerveuse
n'était encore rétablie que dans la tête et la poitrine,
en sorte qu' « *elle voyait son corps comme un objet
étranger dont elle répugnait à se revêtir.* Elle n'y con-
sentit qu'en cédant à ma volonté, et me prévint que
c'était ma vie spiritualisée (fluide magnétique) qui
rétablissait chez elle la circulation nerveuse. »

Le Dr Charpignon avait une malade qui tombait
spontanément en extase pendant la nuit et éprouvait
des sensations analogues.

« J'entre, dit-elle (1), dans un état semblable à celui
que le magnétisme me procure ; puis peu à peu mon
corps se dilate et je le vois très distinctement loin de
moi, immobile, pâle et froid comme un mort ; quant
à moi, je me parais une vapeur lumineuse, je me sens

---

(1) Charpignon, *Physiologie du Magnétisme*, p. 105.

penser *séparée de mon corps* (dans cet état, je comprends et je vois bien plus de choses que dans le somnambulisme), tandis que, dans le somnambulisme magnétique, je pense sans être séparée de mon corps. Après quelques minutes, un quart d'heure au plus, cette vapeur se rapproche de plus en plus de mon corps ; je perds connaissance et l'extase a cessé. »

J'ai eu recemment l'occasion de pouvoir magnétiser très régulièrement une jeune femme qui était un sujet neuf et d'une sensibilité extrême ; je faisais peu d'expériences et je me bornais à essayer d'approfondir de plus en plus l'hypnose.

Ce n'est qu'au bout de huit ou dix séances que je parvins à dépasser l'état de rapport ; dans cet état comme dans les précédents, j'obtins dès le début avec la plus grande facilité, par les procédés décrits précédemment, les phénomènes de l'extase ordinaire. Ces phénomènes étaient de plus en plus accentués à mesure que le sommeil était plus profond, mais il y avait entre eux une continuité évidente : c'étaient bien les souvenirs d'impressions antérieures qui s'objectivaient avec une intensité croissante. Un jour, la vision, au lieu de porter sur des vierges en robe bleue, des enfants Jésus et des anges, fut tout à fait païenne ; les dieux de l'Olympe avaient remplacé les habitants du paradis chrétien et la scène vue par Mᵐᵉ Z... était l'exacte reproduction d'un tableau de mon cabinet devant lequel je l'avais trouvée en contemplation au commencement de la séance.

Tout à coup, au bout d'un mois environ, la crise décrite par Deleuze, Chardel, Charpignon, etc... se déclara, absolument nette, caractérisée par le mépris

des choses terrestres et le souvenir au réveil non seulement de sa dernière vision, mais encore de toutes les
visions antérieures.

Dès lors les allures de Mme Z... se modifièrent complètement. Elle, qui jusqu'alors admettait sans con-
teste mes explications, déclara que, cette fois, elle
avait été réellement transportée hors de son corps:
qu'elle ne s'était pas bornée à voir, comme dans les
séances précédentes, ses souvenirs matérialisés, mais
que son âme avait été directement en communication
avec l'esprit de Dieu : que du reste ces choses-là ne
pouvaient s'expliquer et que c'était les profaner que
d'en parler devant des gens qui refusaient d'y croire.

Elle revint encore une fois chez moi ; j'appris alors
par son mari que, depuis sa dernière visite, elle était
tombée plusieurs fois spontanément en extase, et que,
quand on la réveillait, elle se plaignait mélancolique-
ment d'être ramenée aux misères de la vie. Puis je ne
la revis plus.

J'appris également que, depuis quelques jours, elle
avait eu l'occasion de causer avec un spirite. Sont-ce
ces conversations qui l'ont suggestionnée? C'est possible, mais ce n'est pas là mon impression.

Ce qui reste acquis, c'est l'existence d'un état extatique particulier décrit d'une façon presque identique
par tous ceux qui ont eu l'occasion de l'observer.

CHAPITRE VI

LA VARIATION DES ÉTATS DE CONSCIENCE
ET LES EXPÉRIENCES DE M. P. JANET

Les pages précédentes étaient déjà écrites lorsque j'ai eu le loisir de lire le savant et consciencieux travail de M. Pierre Janet sur l'*Automatisme psychologique* (1); j'y ai trouvé la confirmation d'un certain nombre de phénomènes que j'ai exposés au lecteur et aussi beaucoup de faits nouveaux. De son côté, M. Janet a ignoré quelques-unes de mes expériences qui auraient peut-être modifié ses propres conclusions

Quoi qu'il en soit, les points sur lesquels nous sommes d'accord suffisent à prouver que l'hypnotisme, jusqu'ici seul étudié officiellement, n'est que le vestibule d'un vaste et merveilleux édifice déjà exploré en grande partie par les anciens magnétiseurs.

M. Janet, qui est professeur de philosophie, s'est préoccupé surtout des variations de la *conscience* du

---

(1) Paris, 1889, Germer Baillière, grand in-8° de 498 pages, 7 f. 50.

sujet qu'il rattache aux variations de sa mémoire et
de sa sensibilité ; je vais exposer ses constatations en
laissant de côté ses hypothèses, extrêmement ingé-
nieuses et subtiles, mais qui demandent, pour être
appréciées à leur valeur, le gros volume qu'il a
consacré. J'espère que le lecteur qui a bien voulu me
suivre jusqu'ici n'aura pas de difficulté à retrouver
dans ces exemples particuliers les lois générales que
j'ai sommairement indiquées.

Dès l'année 1823, le Dr Bertrand (1) distinguait,
par des états spéciaux de mémoire, diverses phases du
somnambulisme.

Le sujet était une jeune fille de 13 ou 14 ans tom-
bant soit en somnambulisme naturel, soit en somnambulisme magnétique, « Quoique la malade eût le libre
exercice de son intelligence, dans tous ces différents
états, elle ne se souvenait, dans son état ordinaire, de
rien de ce qu'elle avait fait ou dit dans chacun d'eux.
Mais, ce qui paraîtra étonnant, c'est que, dans le
somnambulisme magnétique dominant pour ainsi
dire sur toutes les espèces de vie dont elle jouissait,
elle se souvenait de tout ce qui était arrivé soit dans
le somnambulisme, soit dans les crises nerveuses, soit
à l'état de veille. Dans le noctambulisme, elle perdait
le souvenir du sommeil magnétique et sa mémoire ne
s'étendait que sur les deux états inférieurs. Dans les
crises nerveuses, elle avait en moins le souvenir du
somnambulisme ; enfin dans l'état de veille, comme
au plus bas degré, elle perdait le souvenir de tout ce

---

(1) *Traité du Somnambulisme*, p. 318.

qui s'était passé en elle dans les états supérieurs. »

Le Dr Herbert Mayo (1) cite un cas de quintuple mémoire : l'état normal du sujet était interrompu par quatre variétés d'états morbides dont il ne conservait pas le souvenir au réveil, mais chacun de ces états présentait une forme de mémoire qui lui était propre.

Un de mes éminents confrères de la Société anglaise des recherches psychiques, M. Gurney a constaté aussi trois phases du somnambulisme (2) et il décrit ainsi (3) les états de mémoire qui leur sont propres :

« Après avoir amené un état particulier de sommeil que nous appelons l'état A, nous causons d'une chose quelconque avec le sujet. Celui-ci est alors amené à un état plus profond, l'état B, et, si on veut continuer avec lui la conversation précédente, il se trouve tout à fait incapable de s'en souvenir et même de se souvenir que quelque chose lui a été dit. On lui pose alors une nouvelle question en le priant de se la rappeler ; après quoi on le ramène à l'état A. Il ne peut se rappeler ce que l'on vient de lui dire dans l'état B, mais il continue la conversation commencée dans le premier état A dans lequel il se retrouve. Mené de nouveau à l'état B, il se rappelle de nouveau ce qui lui a été dit dans cet état, mais il a oublié ce qui a été imprimé en lui dans l'état A. Éveillé, il ne se ressouvient de rien de ce qui lui a été dit (4).

---

(1) *Appendix to the report on Mesmerism* (*Proceedings S. P. R.* 1882, p. 288.)
(2) *Stages of hypnotic memor.* (*Proceedings S. P. R.*, 1887, p. 522.)
(3) *Id.*, p. 515.
(4) Il faut remarquer que tous mes sujets se rappellent à l'état de veille ce qui s'est passé dans les états où persiste la suggestibilité,

Comme les autres, M. Janet a été amené, pour ainsi dire malgré lui, à reconnaître l'existence de plusieurs phases distinctes du somnambulisme qu'il désigne en faisant suivre de chiffres le nom du sujet. C'est ainsi que Lucie 1, Lucie 2, Lucie 3 désignent le premier, le deuxième, le troisième état de Lucie, le premier état étant l'état de veille (1).

« J'ai commencé, dit-il (2), par endormir simplement Lucie de la manière ordinaire, et j'ai constaté, à propos de ce second état, les phénomènes de mémoire propres à toutes les somnambules. Un jour, à propos d'une suggestion que je voulais lui faire et qui ne réussissait pas, j'ai essayé de la faire dormir davantage, espérant augmenter ainsi la suggestibilité du sujet. J'ai donc recommencé à faire des passes sur Lucie 2, comme si elle n'était pas déjà en somnambulisme. Les yeux qui étaient ouverts se fermèrent, le sujet se renversa et sembla s'endormir de plus en plus. Il y eut d'abord une contraction générale qui ne tarda pas à se dissiper, et les muscles restèrent flasques comme dans la léthargie, mais sans aptitude aux contractures provoquées ; aucun signe, aucune parole ne pouvait

---

quand je leur prescris dans cet état, même si cette suggestion est donnée dans un état où ils semblent ne pas entendre comme dans la léthargie et la catalepsie. Il suffit même pour certains d'entre eux de presser avec le doigt le milieu du front à l'état de veille pour ramener la mémoire de tous les faits passés pendant les états somnambuliques. Cette observation, qui a une grande importance au point de vue médico-légal, avait déjà été faite par les anciens magnétiseurs.

(1) Cette notation est très rationnelle, ne préjuge rien relativement aux propriétés caractéristiques de chaque état et doit être adoptée de préférence aux noms dont je me suis servi dans mes premières recherches.

(2) P. Janet, l'*Automatisme psychologique*, p. 87 et suiv.

amener le plus léger mouvement. C'est là cet état de
syncope hypnotique que j'ai déjà signalé ; je l'ai revu
souvent depuis, et, chez certains sujets, il m'a paru
*former une transition inévitable entre les divers états
psychologiques.* Après une demi-heure de ce sommeil (1), le sujet se redressa de lui-même et, les yeux
d'abord fermés, puis ouverts sur ma demande, il se
mit à parler spontanément. Le personnage qui me
parlait alors, Lucie 3, se souvenait parfaitement de
sa vie normale, elle se souvenait également des somnambulismes provoqués précédemment et de tout ce
que Lucie 2 avait pu dire; en outre, elle pouvait me
raconter en détail ses crises d'hystérie, ses terreurs
devant des hommes qu'elle voyait cachés dans les
rideaux, ses somnambulismes naturels pendant lesquels elle avait été se préparer à dîner ou faire son
ménage, ses cauchemars, etc..., toutes choses dont ni
Lucie 1, ni Lucie 2 n'avaient jamais présenté le
moindre souvenir. Il fut assez long et difficile de
réveiller alors ce sujet; après un passage de quelques
minutes dans la syncope déjà décrite, il se retrouva
en somnambulisme ordinaire; mais Lucie 2 ne put
me dire alors ce qui venait de se passer avec Lucie 3,
elle prétendit avoir dormi sans rien dire. Quand je
ramenai plus tard et plus facilement le même état,
Lucie retrouva immédiatement ces souvenirs en apparence disparus.

« Cette observation si curieuse, que je croyais plus

---

(1) Pendant lequel on continue à agir sur le sujet au moyen de
passes (p. 105).
Cet état de Lucie 3 est celui que j'ai appelé état de rapport.

inconnue qu'elle ne l'était réellement, m'inspira le désir de recommencer la même expérience sur un autre sujet également très intéressant, sur Léonie. Cette personne a un premier somnambulisme, état de Léonie 2, très facile à produire; attendons d'abord que cet état soit bien complet et bien développé, *ce qui n'a lieu qu'au bout de deux ou trois heures.* Essayons alors d'endormir Léonie 2, comme si elle était une personne normale, et employons pour cela les mêmes procédés auxquels elle est habituée : attouchements de pouces, passes, etc. Léonie 2 peu à peu cesse de parler, s'endort profondément et finit par tomber en léthargie. Continuons les passes, malgré la léthargie; le sujet pousse un soupir et paraît se réveiller; mais ce réveil singulier est très lent. Les sens semblent se réveiller l'un après l'autre : le sens musculaire d'abord, car le sujet garde maintenant les membres dans la position où ils sont mis, le tact ensuite quand un objet mis dans la main provoque un mouvement, la vue enfin quand le sujet voit et imite les mouvements qui sont faits devant lui. Ces phases cataleptiques déjà décrites dans le chapitre précédent sont bien ici, comme nous l'avons vu, des formes de la conscience à l'état naissant. En effet, si nous continuons les passes, surtout sur la tête pendant la catalepsie même, l'état du sujet se transforme et la catalepsie se développe en un somnambulisme nouveau.

« Le sujet qui était dressé pendant la catalepsie s'est peu à peu renversé, il a doucement fermé les yeux et semble dormir profondément. Ni la pression des tendons comme dans la léthargie, ni la friction de la peau comme dans le somnambulisme ne provoquent de contractures, les bras restent encore dans la position où je les mets, si j'insiste quelque peu. La figure est pâle, les yeux enfoncés, les lèvres serrées avec une expression de sévérité et de tristesse qui ne lui est pas habituelle. Cet état semble se rapprocher de la catalepsie dont elle n'est que le développement; mais il y a une différence capitale, c'est que le sujet peut maintenant comprendre la parole et répondre. Il parle d'une manière singulière, il commence par répéter mes questions comme dans l'écholalie cataleptique, mais il répond ensuite. « M'entendez-vous, lui dis-je. M'en-ten-dez-vous... — Oui monsieur », répondit-elle après un instant de silence. Cette parole n'existe pas toujours, car il y a, dans ce second cas de somnambulisme, comme dans le premier, des alternatives de veille et de sommeil qui ne se distinguent d'ailleurs l'une de l'autre que par la présence ou l'absence de la parole. Si on parvient à maintenir ce même état pendant quelque temps, une heure par exemple, ce qui est difficile, l'intelligence semble grandir, le sujet que nous pouvons appeler maintenant Léonie 3, répète moins les questions et y répond davantage (1).

« Nous pouvons constater, comme pour Léonie 3,

---

(1) Les observations présentées dans ce paragraphe sont tout à fait nouvelles et très intéressantes. Elles montrent que pour passer de l'état 2 à l'état 3 le sujet traverse exactement les mêmes phases que pour aller de l'état 1 à l'état 2. Différentes remarques m'avaient conduit à soupçonner ce phénomène, mais je n'avais pu le reconnaître nettement parce que mes sujets, très sensibles et allant très loin, brûlaient pour ainsi dire les étapes secondaires. Si les phases de l'état 1 à l'état 2 sont si bien connues aujourd'hui, c'est parce qu'on les a étudiées sur des sujets très peu sensibles, chez lesquels

des faits psychologiques intéressants (1), mais il faut maintenant étudier seulement l'état de la mémoire. 1° Le sujet dans cet état se souvient de tout ce qu'il a fait ou entendu dans les somnambulismes du même genre ; 2° le sujet se souvient facilement de ce qui a été fait pendant l'état de veille par Léonie 1 ; enfin le sujet dans cet état se souvient du somnambulisme ordinaire et des actions de Léonie 2 (2).

« Je croyais avoir amené pour la première fois cet état de Léonie 3, mais elle me raconta qu'elle s'était autrefois fréquemment trouvée dans le même état, quand elle avait été endormie par M. le Dr Alfred Perrier, qui l'avait trouvée comme moi en essayant d'approfondir le sommeil de Léonie 2. Cette résurrection d'un personnage somnambulique disparu pendant plus de vingt ans était fort curieuse, et je lui ai naturellement conservé, quand je lui parle, le nom de

---

elles se développaient lentement. Il est probable qu'avec des précautions suffisantes on arrivera à constater les mêmes phases de l'état 3 à l'état 4, de l'état 4 à l'état 5, etc.

(1) « Un caractère singulier de Léonie, c'est que tout changement d'état, quel qu'il soit, est toujours caractérisé par un soupir brusque, une sorte de petite convulsion respiratoire. » (Autom. psych., p. 47.) Benoît présentait cette particularité d'une façon très nette. — Mme X... renversait brusquement la tête en arrière chaque fois qu'elle entrait dans un nouvel état.

(2) M. Janet formule ainsi (p. 73) d'une façon générale les trois lois de la mémoire somnambulique : 1° Oubli complet pendant l'état de veille de tout ce qui s'est passé pendant le somnambulisme ; 2° souvenir complet pendant un somnambulisme nouveau de tout ce qui s'est passé pendant les somnambulismes précédents ; 3° souvenir complet pendant le somnambulisme de tout ce qui s'est passé pendant la veille. — La troisième loi présente peut-être, ajoute-t-il, plus d'exceptions et d'irrégularités que les deux autres.

On a vu que, dans les états supérieurs à l'état 3, la mémoire de l'état de veille et des états précédents s'oblitérait de plus en plus et paraissait revenir avec toute son intégrité dans les états supérieurs comme l'état extatique. Cette question n'est pas encore suffisamment élucidée.

Léonore qui lui avait été donné par son premier maître (1). C'est pour éviter les confusions que nous la désignerons ici sous le nom de Léonie 3.

« Le caractère le plus important de ce nouveau somnambulisme ne s'observe que lorsqu'il se termine.

» En effet, on fait cesser cet état de différentes manières : le sujet retombe en léthargie, puis se réveille en somnambulisme ordinaire, état de Léonie 2. Celle-ci reprend la conversation au point où elle a été interrompue avec elle dans le même état et n'a jamais le moindre souvenir de ce qui s'est passé dans l'état de Léonie 3. Cette perte de souvenir n'est pas causée par la léthargie intermédiaire, car Léonie 2 se souvient de toute sa vie à elle, quoiqu'elle ait été coupée par de nombreuses léthargies. En un mot Léonie 2 ne se souvient pas plus de Léonie 3, que Léonie 1, tout éveillée, ne se souvient du somnambulisme. Cet état de Léonie 3 est donc bien un nouveau somnambulisme par rapport à Léonie 2, comme celui-ci en était un par rapport à l'état de veille. »

Passant à l'étude des variations de la sensibilité de ses sujets dans les divers états, M. Janet nous apprend que Lucie, à l'état de veille ou de Lucie 1, ne possède d'à peu près intact que le sens de 'i vue. C'est une hystérique qui n'a gardé la sensation tactile sur aucun point du corps ; elle n'a aucune sensation musculaire :

---

(1) Les états de conscience dans les différents états sont parfois si différents que le sujet dans un état parle de lui dans un autre état, comme si c'était d'une personne étrangère. De là, l'habitude des anciens magnétiseurs de désigner par des noms différents les personnalités diverses de ces états somnambuliques.

« On peut remuer ses membres, même les attacher derrière elle, arrêter ses mouvements spontanés, le tout sans qu'elle s'en aperçoive si elle ne regarde pas. Cette anesthésie très profonde lui a enlevé complètement tout souvenir ; elle prétend que tout le monde est comme elle. Outre cette perte du sens tactile, Lucie a presque complètement perdu le sens de l'ouïe, elle n'entend parler que si la voix est assez forte et assez proche ; elle ne perçoit pas le tic-tac de ma montre, même si je l'applique contre son oreille. La vue, quoique très diminuée (acuité visuelle, un tiers ; champ visuel restreint à 20°), est encore le meilleur sens qu'elle possède. Aussi s'en sert-elle continuellement, elle ne fait pas un mouvement, ne marche pas sans regarder sans cesse ses bras, ses jambes, le sol, etc. ; si on lui fermait les yeux entièrement, elle ne pourrait même plus parler et elle dormirait (1).

« Endormons-la maintenant profondément et, pour avoir des différences nettes, passons les intermédiaires : mettons-la dans son plus grand somnambulisme, l'état de Lucie 3, *qui n'arrive qu'au bout d'une demi-heure de passes*. La voici qui se relève et ouvre les yeux... Les sens qu'elle avait à l'état de veille ne sont pas perdus ; au contraire, ils ont augmenté, mais ce qui est frappant, c'est qu'elle a retrouvé complètement et avec délicatesse tout le sens tactile et musculaire. Elle sait parfaitement où sont ses membres,

_____

(1) L'occlusion des yeux détermine le somnambulisme chez un certain nombre de sujets, même non anesthésiques à l'état de veille. Il suffit pour reconnaître qu'ils sont en somnambulisme, de leur dire quelque chose quand ils ont les yeux fermés et de constater qu'ils ne se rappellent rien lorsqu'ils ont ouvert les yeux.

elle distingue au toucher les plus petits objets, reconnaît ma main au simple contact, marche et même
écrit sans regarder ni ses pieds ni sa main. Ces nouvelles sensations ne la surprennent pas, d'ailleurs, elle
les trouve encore très naturelles (p. 106)...

« Qui n'a été frappé de ce fait qu'une hystérique,
anesthésique à l'état de veille, n'est plus anesthésique
en catalepsie ? Fermez le poing gauche de Léonie ou
de Lucie pendant la veille, elle ne s'en apercevra pas,
et cependant, si je leur ferme le poing en catalepsie,
même sans qu'elles puissent le voir, je leur suggé-
rerai un sentiment de colère. Que l'on mette une clef
dans la main gauche de Léonie pendant la veille et
elle ne saura ce que c'est; mettons le même objet
dans la main gauche pendant la catalepsie et elle
fera le geste d'ouvrir une porte. Il y a donc une sensibilité tactile pendant la catalepsie qui n'existait pas
dans la veille (p. 110) (1).

« Ces modifications de la sensibilité, effectuées
par le sommeil hypnotique, ou par les passes, peuvent être obtenues par d'autres procédés, quels qu'ils
soient, pourvu qu'ils rendent momentanément au
sujet des sensibilités qu'il a perdues.

« *Il y a des somnambules*, disait déjà Charpignon (2),

_____

(1) Qu'on rapproche l'observation des anesthésiques à l'état [d
veille qui deviennent sensibles au somnambulisme de celle rapporté
à la p. 57 des sujets sensibles à l'état de veille, dont la sensibilit
disparaît d'abord de la surface cutanée, puis se reporte sur un
série d'enveloppes extérieures, et l'on se demandera sans doute s
l'effet de la magnétisation n'est pas de prolonger au delà de l'ex-
trémité des nerfs les courants transmetteurs de la sensation, et si
l'anesthésie chez les hystériques ne provient pas de ce que ces courants s'arrêtent avant d'arriver à la peau.
(2) *Physiologie du Magnétisme*, p. 171.

que l'on peut endormir par une machine électrique.
C'est là une grande vérité ; nous avons vu les effets
partiels d'un petit courant électrique (1) : on connaît
les excellents effets du bain électrique sur les hystériques. Le célèbre Louis V*** « récupère (2) toutes les
sensibilités par le bain électrique... et, quand son
cerveau est ainsi ouvert, il se rappelle toute sa vie ».
Je suis convaincu que les appareils électriques seront
prochainement le véritable instrument scientifique
pour produire à volonté et régulièrement toutes les
variétés du somnambulisme. Mais actuellement bien
d'autres procédés arrivent au même résultat: l'aimant,
les plaques métalliques de Burq, etc, Jules Janet n'a-t-il
pas montré que, dans la période d'excitations du
chloroforme, une hystérique anesthésique retrouvait
sa sensibilité et entrait dans un véritable somnam-

(1) « J'ai reconnu que l'on pouvait rendre momentanément à Rose
la sensibilité d'une partie de son corps par trois procédés : ou bien
par l'application prolongée d'un fort aimant ou par l'application
de plaques métalliques d'étain ou de plomb, ou enfin et plus facilement encore au moyen d'un courant électrique de moyenne intensité (20 ou 30 éléments Trouvé). Il y aurait à faire ici, si je voulais
discuter cette question, une étude intéressante sur l'action de ces
procédés. Il me semble que, dans le cas présent, il est bien difficile
d'expliquer leur influence, par l'*expectant attention*, ou par un phénomène de suggestion, puisqu'il s'agit précisément d'un sujet sur
lequel la suggestion d'hallucination tactile n'avait aucune prise et
qui ne possédait plus d'images tactiles. La suggestion se sert d'un
état psychologique, elle ne le crée pas (*Aut. psych.*, p. 98).
« D'autre part, il me semble que l'aimant, comme les plaques métalliques, comme l'électricité, a une action véritable sur ces sys-
tèmes nerveux affaiblis. Lucie, qui n'a jamais été dans un hôpital,
qui ne connaît rien à ces questions, qui s'était jusque là prêtée à
toutes les expériences sans aucune émotion, est tombée raide, con-
tracturée depuis les mâchoires jusqu'aux pieds, pour avoir touché
un aimant. Rose reprend, grâce à l'aimant, une sensibilité tactile
que la suggestion ne peut lui rendre. Bien d'autres faits, dans l'é-
tude desquels je ne puis entrer, me portent à croire à cette action
(P. JANET, *Ibid.* p. 157). »
(2) Bourru et Burot, *Variations de la personnalité*, 1886, p. 52.

bulisme. La même observation se trouve d'ailleurs dans Despine. Je lis dans un ouvrage du Dr Ball une observation bien curieuse à ce propos : « Parmi les conséquences les plus paradoxales de l'usage hypodermique de la morphine, il faut citer le rétablissement de la sensibilité cutanée sur les sujets qui l'ont perdue... Une hystérique anesthésique, morphinée à la dose de huit centigrammes par jour, vit ses douleurs disparaître et sa sensibilité normale se réveiller... L'abstinence ramène les symptômes hystériques. » (Pages 110-111.)

« Le somnambulisme est, chez les hystériques, un accroissement de l'esprit par une excitation quelconque et non une diminution. Peut-être existe-t-il deux somnambulismes différents. L'hypnotisation des sujets sains possédant déjà tous leurs sens et toutes les images ne peut guère, s'il est possible, que les diminuer et leur supprimer divers sensations. Des sujets sains peuvent par exemple devenir anesthésiques. Il serait curieux de chercher si, chez des sujets de ce genre, la suppression ne porte pas quelquefois sur les images dont ils se servent le plus habituellement à l'état de veille et si le somnambulisme dans ce cas-là n'amène pas l'oubli des phénomènes de la veille... Je n'ai rien vu qui vérifiât cette supposition : il est vrai que je n'ai guère hypnotisé que des malades (1). Je ne puis donc pas parler d'une observation que je

---

(1) Contrairement à M. P. Janet, j'ai presque toujours eu pour sujets des personnes se portant fort bien, nullement anesthésiques à l'état de veille, et vivant comme tout le monde. On a vu que, chez ces personnes, l'oubli des phénomènes de la veille s'accentuait de plus en plus avec la profondeur de l'hypnose.

n'ai point faite ; dorénavant, en psychologie comme
dans les autres sciences, on ne peut parler que de ce
qu'on a vu. » (Pages 112-113.)

« Il n'y a pas, comme nous l'avons vu, un seul
somnambulisme, mais plusieurs qui sont caractéri-
sés chacun par une mémoire particulière...

« Si l'on ne considérait qu'un sujet comme Lucie,
on pourrait croire que cette division du somnambulisme a quelque importance et qu'il y a toujours
ainsi trois mémoires... En réalité il n'y a ni deux, ni
trois mémoires indispensables ; il peut s'en présenter
un nombre quelconque et indéterminé, Rose a au
moins quatre ou cinq somnambulismes différents,
ayant chacun une mémoire particulière (1). Il y a des
sujets, comme N..., qui sont tellement instables qu'ils
ne reprennent le même somnambulisme qu'en étant
endormis par la même personne et de la même manière ; sinon ils entrent dans un état sensitivo-senso-
riel différent et ne retrouvent pas les souvenirs du
premier somnambulisme. » (Page 113.)

« Considérons maintenant le problème d'une
autre manière et demandons-nous si le somnambulisme, lorsqu'il existe et peut être vérifié par d'autres
caractères, est toujours accompagné par un haut degré
de suggestibilité. Si la suggestion agit souvent en

---

(1) Il est probable que Rose allait jusqu'à l'état de lucidité ou de
sensibilité à distance ; malheureusement M. Janet, absorbé par ses
recherches sur les rapports de la mémoire et de la sensibilité, a
négligé volontairement ou involontairement toutes les autres facultés des somnambules. Dans toutes les sciences, chacun envisage
les questions sous un point de vue spécial et c'est de la comparaison
de ces divers aspects que ressort la vérité.

dehors du somnambulisme, est-elle au moins toujours toute-puissante sur les somnambules? Il faut reconnaître qu'il y a des individus très suggestibles pendant leur sommeil hypnotique, surtout au début. Si on les endort rapidement à des intervalles éloignés, si on les réveille peu de temps après leur entrée dans le somnambulisme, en un mot si on ne laisse pas à la seconde existence le temps de se développer et de se compléter (1), on ne verra que ces débuts du somnambulisme dans lesquels la suggestion est toute-puissante. Mais, si on se résigne à consacrer plus de temps à l'étude du somnambulisme, on fera bien, c'est du moins ce qui m'a paru utile, de ne pas presser ni bousculer les sujets et de les maintenir longtemps en somnambulisme ; on constatera alors des modifications intéressantes. La plupart des auteurs insistent sur l'inertie des sujets, incapables de faire un mouvement spontané et qui par eux-mêmes ne pensent à rien. C'est qu'ils n'ont pas dépassé dans leurs études cette première période du somnambulisme, cet état presque cataleptique dans lequel certains sujets demeurent assez longtemps. Quand la seconde existence est complète, le sujet est loin d'être inerte ; il remue, veut se lever et marcher, songe à faire mille folies, et est souvent, comme Léonie ou Lucie, fort difficile à maintenir.

« A ce moment les suggestions sont loin d'être toutes puissantes et peuvent provoquer toute espèce de résistance... Cette résistance est variable suivant les

---

(1) M. Janet revient souvent avec raison sur la recommandation de laisser aux états le soin de se compléter.

actes que l'on commande ; elle n'existe guère si l'acte
est insignifiant ; elle est très grande si l'acte est pénible ou simplement désagréable pour le sujet :
jamais je n'ai pu par suggestion consciente faire age-
nouiller Lucie pendant le somnambulisme ; jamais
je n'ai réussi à faire lever Lucie de son lit quand elle
est couchée...

« Si les sujets en somnambulisme sont ainsi capables de résistance, ils sont aussi capables de con-
sentement volontaire. Bien souvent la somnambule
fait ce qu'on lui dit par une sorte de complaisance
qui lui est inspirée par diverses raisons : d'abord elle
a presque toujours quelque sympathie pour son magnétiseur et n'aime pas à se disputer avec lui ; ensuite
elle est très paresseuse et ne veut pas essayer de résis-
tances inutiles ; enfin elle s'amuse elle-même des
expériences et prend souvent à cœur de les faire
réussir...

« Mais une remarque beaucoup plus importante
nous est fournie par l'étude de certains sujets dans
certains somnambulismes particuliers que l'on peut
reproduire à volonté. Il existe des somnambulismes
parfaits, indiscutables à tous les points de vue, dans
lesquels toute espèce de suggestibilité a complètement disparu, et cela même chez ses sujets qui sont,
à l'état de veille, extrêmement suggestibles. Plusieurs
auteurs ont déjà remarqué que quelques somnambules, dans certains états, possèdent une grande
liberté. Puységur notait déjà l'indépendance relative
de son somnambule. M. Bernheim remarque que le
degré de suggestibilité n'est pas toujours en rapport
avec la profondeur du somnambulisme ; mais ces

observations sont restées isolées, n'ont pas été repro-
duites volontairement (1) et ne semblent pas avoir
modifié l'opinion des auteurs sur la relation entre le
somnambulisme et la suggestion.

« Nous avons décrit, d'après plusieurs sujets, une
série de somnambulismes de plus en plus profonds
qu'il est quelquefois très long et très difficile de produire, mais dans lesquels le sujet récupère peu à peu
toutes les sensibilités (2) et tous les souvenirs qu'ils paraissent avoir perdus. Dans le dernier de ces états le
sujet, si malade et si amoindri qu'il soit à l'état de
veille, devient, au point de vue des sens et de la mémoire, absolument identique à l'individu le mieux portant et le plus normal. Quand j'ai observé cet état pour
la première fois chez Lucie, j'ai voulu répéter les expériences ordinaires de suggestion que l'on fait avec les
somnambules ; Lucie paraît surprise, ne bouge pas et
finit par éclater: « Mais vous me croyez donc bien bête
pour vous figurer que je vais voir un oiseau dans ma
chambre et courir après ! » Il est à [remarquer qu'elle
venait de le faire précédemment pendant son premier
somnambulisme, mais maintenant toute suggestibilité avait disparu. Il en est de même, un peu moins
nettement peut-être, pour Léonie : très suggestible en
premier somnambulisme, elle l'est de moins en
moins à mesure qu'elle enfonce dans le second. Le
phénomène est surtout curieux chez Marie et Rose,

_____

(1) Mes expériences sur la perte de la suggestibilité dans les états
profonds se publiaient dans la *Revue d'Hypnotisme* au moment où
M. Janet faisait paraître son livre.
(2) Je rappelle que tous les sujets de M. Janet étaient anesthésiques
à l'état de veille.

d'abord parce que le passage d'un état à l'autre ne se
fait pas, comme chez Lucie, par un sommeil de vingt
minutes et un réveil brusque, mais s'accomplit lentement et par degrés, ensuite parce qu'elles sont entièrement suggestibles à l'état de veille. On voit ces femmes
si hallucinables, si passives quand elles sont éveillées,
reprendre, à mesure qu'elles entrent dans ce soi-
disant sommeil, non seulement tous leurs sens et
tous leurs souvenirs, mais toute leur spontanéité et
toute leur indépendance. La catalepsie même des
membres, leur immobilité dans la position où ils
sont mis, qui existe toujours dès que l'individu est
légèrement suggestible, disparaît aussi absolument.
Ce caractère, il est vrai, et toute la suggestibilité
réapparaissaient quand on détruisait ce somnambulisme particulier pour ramener les sujets à leur état
de veille.

« Jules Janet a essayé de reproduire ces expériences
relatives au somnambulisme supérieur sur un sujet
célèbre, Witt. Il a, comme j'avais été amené à le faire,
prolongé les passes après le premier somnambulisme
et même après la léthargie du sujet, et il a été obtenu
les mêmes résultats (1) qu'il n'avait pas prévus. Cette
femme, dont le somnambulisme avait servi pour
étudier toute la théorie des suggestions, avait un
somnambulisme facile à produire et absolument
ignoré, pendant lequel il était impossible de faire
aucune suggestion. Ces derniers phénomènes me
semblent importants ; ils nous montrent que, si le

---

(1) Jules Janet, *Hystérie et somnambulisme d'après la théorie
de la double personnalité*, dans la *Revue scientifique*, 1888, 1, 616.

somnambulisme est une seconde existence, ce n'est pas nécessairement une existence faible, sans spontanéité et sans volonté. » (Pages 175-179.)

« Il reste une dernière question à se poser à propos de ces nouvelles formes d'existences psychologiques. Sont-elles inférieures ou supérieures à l'état de veille ? Est-ce une décadence ou un progrès pour un sujet de passer de l'une à l'autre ? Beaucoup d'auteurs se sont prononcés pour le seconde solution. « Ce dernier phénomène, l'oubli au réveil, nous laisse croire que l'état du somnambulisme magnétique est l'état parfait (1). » M. Myers, dans ses études si curieuses sur l'écriture automatique, se demande si l'état somnambulique, au lieu d'être un état *régressif*, ne peut pas être quelquefois un *évolutif* (2). Ici comme partout, d'ailleurs, on ne peut faire de réponse générale à cause des nombreuses variétés de somnambulisme. Il y a un nombre infini de formes d'existences psychologiques, depuis celle qui ne contient qu'un seul fait isolé rudimentaire sans jugement et même sans personnalité jusqu'à la pensée de la monade supérieure dont parle Leibnitz et qui représenterait en raccourci tout l'univers. Nous avons vu que l'hypnose peut amener les sujets au premier état que nous avons appelé la catalepsie ; c'est une preuve qu'elle peut leur donner une forme d'existence très inférieure. Peut-elle aussi les rapprocher d'une forme de pensée supérieure? Cela dépend, je crois, de la nature de leur pensée à l'état normal. Quand on

(1) Baragnon, *Magnétisme animal*, 1853, p. 172.
(2) Myers, *Proceed. S. P. R.*, 1887, p. 514.

s'adresse à des hystériques dont la pensée, la sensation, la mémoire sont diminuées, réduites au-dessous
de la limite normale, la moindre excitation du
système nerveux — *et les passes comme le courant
électrique en sont une très forte* — leur rend les facultés
qu'elles ont perdues et leur donne une forme d'existence supérieure.

« Il est évident que Lucie 3, Rose 4 ou Léonie 3
sont supérieures et de beaucoup à Lucie 1, Rose 1,
Léonie 1. Mais il s'agit là des femmes hystériques, et
cette existence supérieure qu'on leur rend est simplement une existence normale, celle dont elles devraient
jouir continuellement, si elles n'étaient pas malades.
Cet état est si peu supérieur à la vie réelle que, même
chez ces femmes, il est identique aux moments de
santé plus ou moins parfaite qu'elles ont traversés.
Est-il possible d'aller au delà ? Peut-on dépasser ces
états somnambuliques chez ces sujets ou donner à
d'autres sujets sains, qui sont déjà naturellement en
possession de cette forme d'existence, une autre forme
d'existence supérieure ? C'est ce qu'ont pensé presque
tous les anciens magnétiseurs quand ils étudiaient
sur leurs sujets des sens nouveaux ou des facultés
surnaturelles. C'est ce que pense M. Myers quand il
parle de réadaptations nouvelles de notre personnalité
en rapport avec de nouveaux besoins. C'est là une
étude dans laquelle nous ne pouvons pas entrer ; il
nous suffit d'avoir montré à quel point elle touche notre
sujet et comment elle est possible. » (Pages 135-136.)

Je regrette de n'avoir pu me procurer l'ouvrage de
M. Myers, mais le lecteur a pu voir déjà que la question est assez complexe et qu'il faudra encore bien des

recherches pour l'élucider. Nous avons trouvé en effet
des propriétés comme la suggestibilité et la vue des
émanations lumineuses qui naissent dans l'un ou
l'autre des premiers états, croissent, passent par un
maximum, puis décroissent et disparaissent tout à fait
dans les états plus profonds ; d'autres, comme la mémoire des états précédents, décroissent, passent par un
minimum et semblent croître ensuite pour atteindre
un degré remarquable dans l'état extatique ; d'autres,
comme la vue des organes internes et la sensibilité à
distance, n'apparaissent que dans les états profonds et
s'accentuent de plus en plus ; d'autres enfin, comme
la lecture des pensées ou la vue à distance, n'ont été
que rarement observés et d'une façon irrégulière sans
qu'il soit encore possible de leur assigner une place
déterminée dans la série des phénomènes. Toutefois,
comme nous sommes, actuellement, déjà en possession d'une première esquisse générale, il devient bien
plus facile de voir les lacunes des observations et de
chercher à les combler (1).

Nous sommes naturellement conduits par les travaux
de M. Janet à poser de nouveau, et avec plus d'assu-
rance, la question qui termine le ch. 1er de cette étude.

N'y a-t-il pas actuellement, n'y a-t-il pas eu, n'y
aura-t-il pas, par suite de l'évolution de l'humanité,
des individus ou même des peuples entiers ayant pour
état normal un état analogue à l'un de ceux que nous
avons décrits ?

M. Janet rappelle que ces états peuvent souvent se

_____

(1) Aubin Gautier. *Histoire du Somnambulisme*, 1842, t. II,
p. 363.

prolonger sans inconvénients pour la vie animale.

« On a souvent signalé des somnambulismes artifi-
ciels qui ont été longtemps prolongés. Le célèbre
abbé Faria prétend que certains de ses sujets sont
restés endormis pendant des années et oubliaient à
leur réveil tout ce qui s'était passé pendant cette
longue période. Un magnétiseur nommé Chardel en-
dormit deux jeunes filles pendant l'hiver et ne les
réveilla que plusieurs mois après au milieu du prin-
temps ; elles furent bien surprises en se réveillant de
voir des feuilles et des fleurs sur des arbres qu'elles se
souvenaient d'avoir vus couverts de neige avant de
s'endormir (1). » Souvent, raconte un autre auteur, je
laissais mes somnambules endormies toute la journée,
les yeux ouverts, afin de me promener avec eux pour
les observer sans exciter la curiosité publique. Il m'est
arrivé de prolonger pendant quatorze ou quinze jours
le somnambulisme d'une jeune fille qui était à mon
service. Dans cet état elle continuait ses travaux comme
si elle eût été dans son état ordinaire... Elle se trouve
au réveil comme dépaysée dans la maison, n'étant
plus du tout au courant de ce qui s'est passé.

« Ces récits ne doivent pas être mensongers, car la
vérification en est assez facile à faire. J'ai maintenu
moi-même Rose en somnambulisme pendant quatre
jours et demi sans difficulté, car elle se portait fort
bien pendant ce temps, mangeait et dormait beaucoup
mieux que dans son état normal. Jules Janet, qui a
surtout étudié la période intéressante de ces somnam-

(1) Delatour, dans l'*Hermès* (journal magnétique), août 1826,
p. 119.

bulismes pendant laquelle une hystérique, anormale
à l'état de veille, retrouve toutes ses sensibilités et
ressemble à une personne bien portante, a prolongé
cet état bien plus longtemps encore. Pourrait-on laisser les sujets indéfiniment dans ce second état ? Ce
serait un moyen bien facile de guérir complètement
l'hystérie. Malheureusement la chose me paraît fort
difficile. Cet état a paru, au moins pour mes sujets,
être une fatigue et les épuiser rapidement. Certaines,
comme Léonie et Lucie, ont besoin de dormir fréquemment pendant quelques minutes, pour se reposer,
et les hystériques en général ne se maintiennent dans
cet état d'intégrité sensorielle qu'au moyen d'excitations renouvelées de temps en temps, passes, courant
électriques, etc. Il est propable que, peu à peu, les
hystériques reprendraient leurs tares, leurs anesthésies
habituelles et rentreraient dans leur état normal avec
l'oubli de tout ce qui s'est passé pendant leur existence plus complète. Cependant mes observations
sont sur ce point tout à fait incomplètes et je ne puis
conclure avec précision. » (Pages 135-136.)

De plus on a constaté bien des fois que ces états se
produisent spontanément.

Un jeune homme, cité par Georget, passait subitement après un cri initial dans un état nouveau où il
avait un autre caractère qu'à l'état normal, tout en lui
conservant ses facultés. « Il revenait à lui, si on le
serrait à bras le corps ; étonné, il avait tout oublié ; il
retrouvait tout dans l'état suivant, et néanmoins il se
croyait dans son état habituel, en sorte que c'étaient
comme deux existences différentes (1). » Erasme Dar-

(1) Georget, *Maladies mentales*, 1827, p. 129.

win rapporte qu'il a traité une demoiselle jeune et spi-
rituelle « affectée d'une rêverie qui revenait d'un jour à
l'autre et durait presque toute la journée. Comme elle
conservait pendant ces accès des idées de la même espèce qu'elle avait eues le jour précédent et qu'elle ne se
rappelait plus l'instant suivant quand il y avait absence
d'accès, ses parents s'imaginaient qu'elle avait deux
âmes. » (1).

Les exemples les plus curieux sont certainement
ceux de Félida et de Louis V., si complètement étudiés
de nos jours par le D^rAzam (2) et par Drs Bourru
et Burot (3).

Félida est née à Bordeaux vers 1841 de parents
bien portants ; elle est intelligente, instruite et dirige
probablement encore aujourd'hui un commerce d'épi-
cerie.

A l'âge de quatorze ans, après la puberté, sa santé
fut ébranlée, son humeur devint sombre et elle prit
ses premiers accès qui revenaient d'abord tous les
cinq ou six jours.

Voici comment les décrit le Dr Azam, appelé à les
soigner :

« Félida X... est assise, un ouvrage quelconque de
couture sur ses genoux ; tout à coup, sans que rien
ne puisse le faire prévoir, et après une douleur des
tempes plus violente qu'à l'habitude, sa tête retombe
sur sa poitrine, ses mains demeurent inactives et des-
cendent inertes le long du corps ; elle dort ou paraît

---

(1) Er. Darwin, *Zoonomie*, trad., 1810, tome II, p. 163.
(2) Dr Azam, *Hypnotisme, double conscience*, 1887.
(3) Bourru et Burot, *Variations de la personnalité*, 1888.

dormir, mais d'un sommeil spécial, car ni le bruit, ni aucune excitation, pincements ou piqûres ne sauraient l'éveiller ; de plus cette sorte de sommeil est absolument subit. Il dure deux ou trois minutes ; autrefois il était beaucoup plus long.

» Après ce temps, Félida s'éveille, mais elle n'est plus dans l'état intellectuel où elle était quand elle s'est endormie. Tout paraît différent. Elle lève la tête et, ouvrant les yeux, salue en souriant les nouveaux venus, sa physionomie s'éclaire et respire la gaieté ; sa parole est brève et elle continue en fredonnant l'ouvrage d'aiguille que, dans l'état précédent, elle avait commencé. Elle se lève, sa démarche est agile, et elle se plaint à peine des mille douleurs qui, quelques minutes auparavant, la faisaient souffrir ; elle vaque aux soins ordinaires du ménage, sort, circule dans la ville, fait des visites, entreprend un ouvrage quelconque ; ses allures et sa gaieté sont celles d'une jeune fille bien portante et de son âge. Son caractère est complètement changé ; de triste elle est devenue gaie, et sa vivacité touche à la turbulence ; son imagination est plus exaltée ; pour le moindre motif, elle s'émotionne, en tristesse ou en joie ; d'indifférente à tout qu'elle était, elle est devenue sensible à l'excès. Dans cet état, elle se souvient parfaitement de tout ce qui s'est passé pendant les autres états semblables, et aussi *pendant sa vie normale*. J'ajouterai qu'elle a toujours soutenu que l'état, quel qu'il soit, dans lequel elle se trouve au moment où on lui parle, est l'état normal qu'elle nomme sa *raison* par opposition à l'autre état qu'elle nomme sa crise.

« Dans cette vie comme dans l'autre, ses facultés

intellectuelles et morales, bien que différentes, sont incontestablement entières; aucune idée délirante, aucune fausse appréciation, aucune hallucination. Je dirai même que, dans ce deuxième état, dans cette « condition seconde » toutes les facultés paraissent plus développées ou plus complètes. Cette deuxième vie, où la douleur physique ne se fait pas sentir, est de beaucoup supérieure à l'autre ; elle l'est surtout, par le fait considérable que nous avons déjà indiqué, que, pendant sa durée. Félida se souvient, non seulement de ce qui s'est passé pendant les accès précèdents, mais aussi de toute sa vie normale, tandis que, dans celle-ci, elle n'a aucun souvenir de ce qui s'est passé pendant les accès.

« Après un temps qui, en 1858, durait trois ou quatre heures presque chaque jour, tout à coup la gaieté de Félida disparaît , sa tête se fléchit sur sa poitrine et elle tombe dans l'état de torpeur que nous avons décrit.

« Trois ou quatre minutes s'écoulent et elle ouvre les yeux pour entrer dans l'existence ordinaire. On s'en aperçoit à peine, car elle continue son travail avec ardeur, presqu'avec acharnement ; le plus souvent. c'est un travail de couture entrepris dans la période précédente. Elle ne le connaît pas (par suite de l'oubli au réveil de l'état somnambule) et il lui faut un effort d'imagination pour comprendre. Néanmoins elle continue comme elle peut, en gémissant sur sa malheureuse situation ; sa famille, qui a l'habitude de cet état, l'aide à se mettre au courant. Quelques minutes auparavant, elle chantonnait quelque romance ; on la lui redemande, elle ignore absolument ce qu'on veut dire; on lui parle d'une visite qu'elle vient de recevoir, elle n'a vu personne.

« Je crois devoir préciser les limites de cette amnésie. Cet oubli ne porte que sur ce qui s'est passé pendant la condition seconde; *aucune idée générale acquise antérieurement n'est atteinte*; elle sait parfaitement lire, écrire, compter, tailler, coudre etc., et mille autres choses qu'elle savait avant d'être malade ou qu'elle a apprises pendant les périodes précédentes d'état normal.

« Si j'avais pu avoir des doutes sur la séparation complète de ces deux existences, ils eussent été levés par ce que je vais raconter. Un jeune homme de dix-huit à vingt ans connaissait Félida depuis son enfance et venait dans la maison. Ces jeunes gens ayant l'un pour l'autre une vive affection s'étaient promis le mariage. Un jour, Félida plus triste que d'habitude, me dit, les larmes aux yeux, que sa maladie s'aggrave, que son ventre grossit et qu'elle a, chaque matin, des envies de vomir ; en un mot, elle me fait le tableau le plus complet d'une grossesse qui commence. Aux visages inquiets de ceux qui l'entourent, j'ai des soupçons qui devaient être bientôt levés. En effet, dans l'accès qui suit de près, Félida me dit devant les mêmes personnes : « Je me souviens parfaitement de ce que je vous ai dit, vous avez dû facilement me comprendre : je l'avoue sans détour, je crois être grosse. »

« Dans cette deuxième vie, sa grossesse ne l'inquiétait pas et elle en prenait assez gaiement son parti. Devenue enceinte pendant sa condition seconde, elle l'ignorait donc pendant son état normal, et ne le

savait que pendant ses autres états semblables ; mais
cette ignorance ne pouvait durer : une voisine devant
laquelle elle s'était exprimée fort clairement et qui,
plus sceptique qu'il ne convient, croyait que Félida
jouait la comédie, lui rappela brutalement ses confi-
dences après l'accès. Cette découverte fit à la jeune
fille une si forte impression qu'elle eut des convulsions
hystériques et je dus lui donner des soins pendant
trois heures. »

Félida épousa peu de temps après le jeune homme
dont il vient d'être question, et, de 1859, époque de
ses premières couches, jusqu'en 1876, elle eut dix
nouvelles grossesses ; mais elle n'a conservé que deux
enfants.

La période d'accès ou de condition seconde, qui,
en 1859, n'occupait environ qu'un dixième de l'existence, a augmenté peu à peu de durée ; elle est devenue égale à la vie normale, puis l'a dépassée pour
arriver à *remplir l'existence presque entière*. Il est
plusieurs fois arrivé que s'endormant le soir dans son
état normal, elle s'est éveillée le matin dans l'accès,
sans qu'elle ni son mari en aient eu conscience : la
transition a donc eu lieu pendant le sommeil.

Cette transition est, du reste, devenue presque in-
saisissable par sa rapidité même dans l'état de veille,
ce qui rend sa situation fort triste par suite des
lacunes constantes qui se produisent dans sa mémoire
et par suite des perturbations apportées dans son commerce et ses relations d'affaires ou de famille.

Au point où en est aujourd'hui la science, on est
donc certainement autorisé à rechercher dans des phénomènes de cet ordre l'explication des médiums, des

voyants, des envoûteurs et des guérisseurs ; en tous cas, il n'est plus permis de rejeter *a priori* des faits appuyés sur de sérieux témoignagnès parce qu'ils nous paraissent impossibles. C'est ce que disait déjà Montaigne dans un chapitre de ses *Essais* que nos lecteurs nous sauront certainement gré de reproduire en réponse à ceux qui, par une singulière contradiction, prétendent imposer des bornes à notre science, tout en proclamant la loi du progrès.

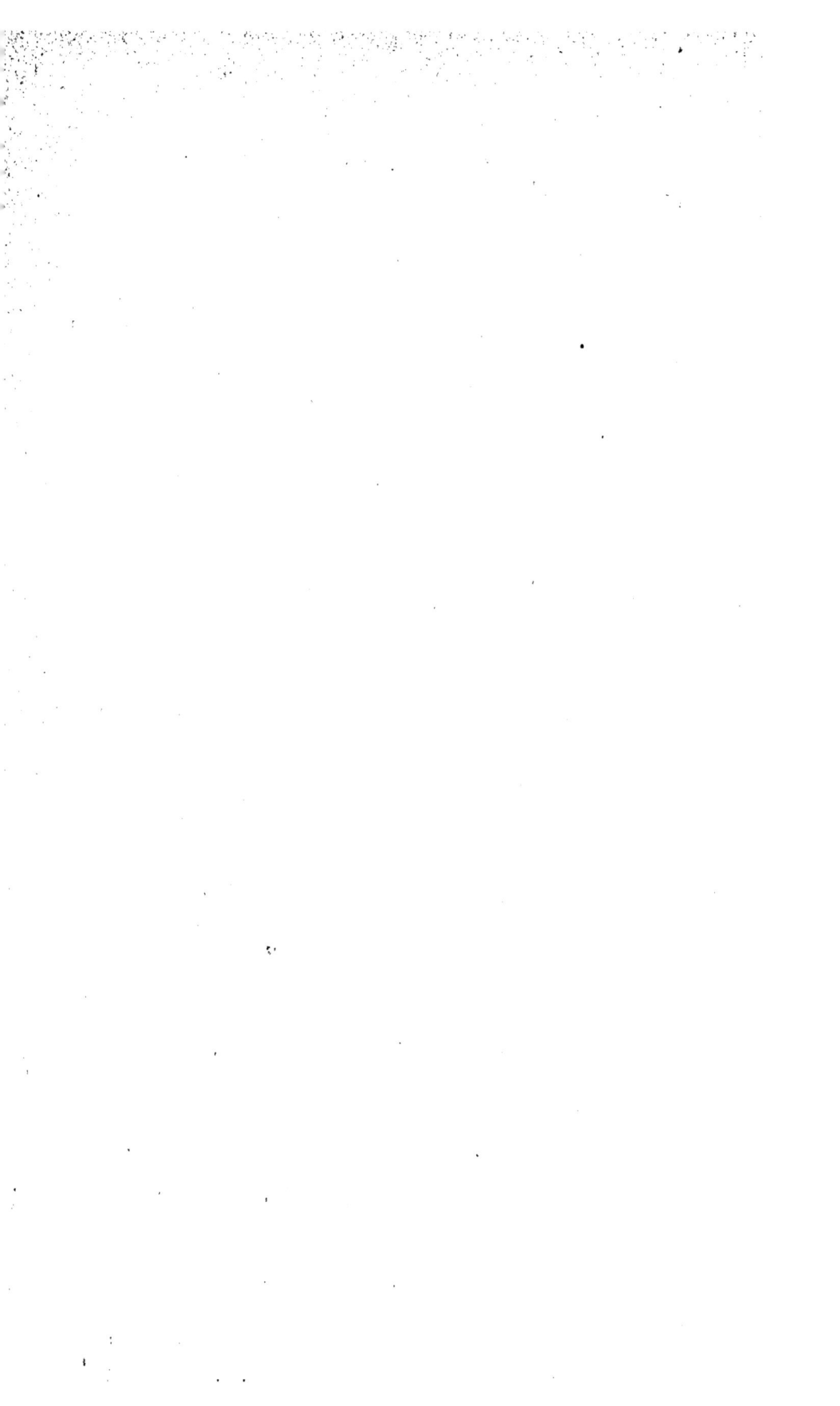

CHAPITRE VII

C'EST FOLIE DE RAPPORTER LE VRAY ET LE FAULX AU JUGEMENT DE NOTRE SUFFISANCE

« Ce n'est pas à l'adventure sans raison que nous attribuons à simplesse et ignorance la facilité de croire et de se laisser persuader : car il me semble avoir apprins aultrefois que la créance estoit comme une impression qui se faisoit en nostre ame ; et, à mesure qu'elle se trouvoit plus molle et de moindre résistance, il estoit plus aysé à y empreindre quelque chose. *Ut necesse est, lancem in libra, ponderibus impositis, deprimi ; sic animum perspicuis cedere* (1). D'autant que l'ame est plus vuide et sans contrepoids, elle se baisse plus facilement soubs la charge de la première persuasion : voyla pourquoy les enfants, le vulgaire, les femmes et les malades sont plus subiects à estre menez par les aureilles. Mais aussi, de l'aultre part, c'est une sotte presumption d'aller desdaignant et condamnant

---

(1) Comme il est nécessaire qu'un des bassins de la balance soit poussé en bas par le poids dont on le charge, il faut de même que notre esprit se rende à l'évidence des choses. (Cic., *Quest. Acad.*, l. IV, c. xi

pour faulx ce qui ne nous semble pas vraysemblable ;
qui est un vice ordinaire de ceux qui pensent avoir
quelque suffisance oultre la commune. J'en faisois
ainsi aultrefois ; et si i'oyoy parler ou des esprits qui
reviennent, ou du prognostique des choses futures,
des enchantements, des sorcelleries, ou faire quelque
aultre conte où ie ne peusse pas mordre,

Somnia, terrores magicos, miracula, sagas,
Nocturnos lemures, portentaque Tessala (1),

il me venoit compassion du pauvre peuple abusé de
ces folies. Et, à présent, ie treuve que i'estoy pour le
moins aultant à plaindre moy mesme ; non que l'expérience m'aye depuis rien faict veoir au-dessus de
mes premieres créances, et si n'a pas tenu à ma curiosité ; mais la raison m'a instruict que, de comdamner
ainsi résolument une chose pour faulse et impossible,
c'est se donner l'advantage d'avoir dans la teste les
bornes et limites de la volonté de Dieu et de la puissance de nostre nature ; et qu'il n'y a point de plus
notable folie au monde que de les ramener à la mesure
de nostre capacité et suffisance. Si nous appelons
monstres, ou miracles, ce où nostre raison ne peut
aller, combien s'en présente il continuellement à
nostre vue? Considérons au travers de quels nuages
et comment à tastons, on nous mène à la cognoissance
de la plupart des choses qui nous sont entre mains :

----

(1) De songes, de visions magiques, de miracles de sorcières, d'ap-
paritions nocturnes, et d'autres effets prodigieux. (Horat., *Epist.* 2,
l. II, v. 208, 209.)

certes, nous trouverons que c'est plustost accoustu-
mance que science qui nous en oste l'estrangeté :

> Iam nemo, fessus saturusque videndi,
> Suspicere in cœli dignatur lucida templa (1) :

et que ces choses là, si elles nous estoyent presentées
de nouveau, nous les trouverions autant ou plus
incroyables qu'aulcunes autres.

> Si nunc primum mortalibus adsint
> Ex improviso, ceu sint objecta repentè,
> Nil magis his rebus poterat mirabile dici,
> Aut minus antè quod auderent fore credere gentes(2)

Celuy qui n'avoit iamais veu de rivière, à la première
qu'il rencontra, il pensa que ce feust l'ocean ; et les
choses qui sont à nostre cognoissance les plus grandes
nous les iugeons estre les extremes que nature face
en ce genre :

> Scilicet et fluvius qui non est maximus, ei'st
> Qui non antè aliquem maiorem vidit : et ingens
> Arbor, homoque videtur ; et omnia de genere omni
> Maxima quœ vidit quisque, hœc ingentia fingit (3).

*Consuetudine oculorum assuescunt animi, neque ad
mirantur, neque requirint rationes earum rerum,
quas semper vident* (4). La nouvelleté des choses nous

---

(1) Fatigués et rassasiés de la vue du ciel, nous ne daignons plus
lever les yeux vers cette voûte toute brillante de lumière. (Lucret.,
l. II, v. 1037, 1038.
(2) Si présentement ces objets se montraient tous d'un coup aux
hommes comme venant d'être formés, rien ne pourrait leur paraître
plus admirable ; et auparavant ils n'auraient jamais pu se figurer
rien de pareil. (*Id.*, t. II, v. 1032, 1035.)
(3) Un fleuve médiocre paraît très grand à qui n'en a point vu de
plus grand. Il en est de même d'un arbre, d'un homme, et de tout
autre objet quand ce sont les plus grands qu'on ait vus de cette
espèce. (*Id.*, l. Vi, v, 674, 676.)
(4) Notre esprit familiarisé aux objets de la vue n'admire point
les choses qu'il voit continuellement et ne songe pas à en rechercher
les causes. (Cic., *De nat. deor.*, l. II, c. xxxviii.)

incite, plus que leur grandeur, à en rechercher les causes. Il fault iuger avecques plus de révérence de cette infinie puissance de nature, et plus de recognoissance de nostre ignorance et foiblesse. Combien y a il de choses peu vraysemblables, tesmoignées par gents dignes de foy, desquelles, si nous ne pouvons estres persuadez, au moins les fault-il laisser en suspens ! Car, de les condamner impossibles, c'est se faire fort, par une téméraire presumption, de sçavoir insques où va la possibilité. Si l'on entendoit bien la différence qu'il y a entre l'impossible et l'inusité, et entre ce qui est contre l'ordre du cours de nature et contre la commune opinion des hommes en ne croyant pas témérairement, ny aussi ne descroyant pas facilement, on observeroit la regle de *Rien trop* commandée par Chilon....

« C'est une hardiesse dangereuse et de conséquence oultre l'absurde témérité qu'elle traisne quand et soy, de mespriser ce que nous ne concevons pas : car aprez que, selon vostre bel entendement, vous avez estably les limites de la vérité et de la mensonge, et qu'il se treuve que vous avez nécessairement à croire des choses où il y a encore plus d'estrangeté qu'en ce que vous niez, vous vous estes desia obligé de les abandonner...

« Que ne nous souvient il combien nous sentons de contradiction en nostre jugement mesme ! combien de choses nous servoient hier d'articles de foy, qui nous sont fables aujourd'hui ! La gloire et la curiosité sont les fléaux de nostre ame : celte cy nous conduict à mettre le nez partout ; et celle là nous deffend de rien laisser irrésolu et indécis. »

CHAPITRE VIII

LA SCIENCE FUTURE

Il est donné à notre génération d'assister à la rencontre de deux courants puissants, qui, dans le monde intellectuel, se pénètrent et s'influencent maintenant au point de laisser prévoir l'époque prochaine où, réunis dans une direction unique, ils s'élèveront majestueusement ensemble vers la vérité.

L'un est le fruit de nos civilisations occidentales ; l'autre nous arrive du fond de l'Orient, tirant son origine soit de révélations supra-humaines, soit de civilisations depuis longtemps disparues.

D'une part, en effet, la physique, la chimie, l'astronomie, l'histoire naturelle sont amenées, par leurs observations et leurs calculs, à considérer comme de plus en plus probables l'unité de la matière, l'unité de force, et le perfectionnement par l'évolution, ou la *hiérarchisation*, de la matière et de la force, toutes choses contenues dans les doctrines ésotériques des philosophes de l'antiquité.

« Du côté de la théorie pure, disait récemment M. Cornu (1), de grands résultats s'annoncent : les géomètres continuateurs d'Ampère, Poisson, Fourier,

_____

(1) *Association française pour l'avancement des sciences* (Congrès de 1890). Discours du Président.

Ohm, Gauss, Helmholz, Thomson, Maxvell, qui ont
tant aidé à rattacher l'électricité aux lois de la mécanique, préparent une synthèse grandiose qui fera
époque dans l'histoire de la philosophie naturelle ;
ils sont bien près de démontrer que les phénomènes
électro-magnétiques et les phénomènes optiques
obéissent aux mêmes lois élémentaires ; que ce sont
deux manifestations du mouvement d'un même
milieu, l'éther ; ainsi les problèmes de l'optique
peuvent se résoudre avec les équations de l'électro-
magnétisme. Au point de vue expérimental, on a
déjà des résultats pleins de promesses : la vitesse de
la lumière, fixée par les méthodes optiques, se détermine aussi par des mesures purement électriques ; on
a même pu croire récemment, après les retentissantes
expériences de M. Hertz, que l'identification expéri-
mentale des décharges électriques et des ondulations
lumineuses était un fait accompli. S'il reste encore
des preuves décisives à apporter on peut dire que,
dans l'esprit des physiciens, le lien intime entre
l'électricité et la lumière est bien près d'être rigoureusement défini. »

D'autre part, pendant que nous découvrons chaque
jour en électricité des phénomènes qui ne rentrent
plus dans les théories classiques (1), les sciences, dites

___

(1) Dans un discours prononcé, le 13 novembre 1891, au dîner de
la Société des Électriciens, M. Crookes s'exprimait ainsi :
« Les phénomènes de l'électrolyse ne sont pas encore bien connus
et bien coordonnés ; cependant ce que nous en savons nous laisse
entrevoir que, suivant toute probabilité, *l'électricité est atomique,
et qu'un atome d'électricité est une quantité aussi exactement dé-
finie qu'un atome chimique...* On a calculé que, dans un seul pied
cube de l'éther qui remplit les espaces, il y a, à l'état latent,
10.000 tonnes d'énergie qui avaient jusque-là échappé à nos obser-

occultes, jusqu'ici abandonnées presque complètement
aux rêveries des mystiques ou à l'exploitation des char-
latans, commencent à livrer une partie de leurs secrets
à ceux qui ont le courage de chercher à y introduire les
méthodes lentes mais sûres de la science positive. N'est-
ce point déjà un progrès immense que d'avoir vu poser
officiellement et d'une façon magistrale la nécessité de
leur étude, au dernier congrès de l'Association britannique pour l'avancement des Sciences, par M. Lodge,
président de la section des sciences mathématiques et
physiques.

« La conservation de l'énergie est devenue un lieu
commun ; *la relation entre la vie et l'énergie est encore
incomprise.* La vie n'est pas de l'énergie ; la mort d'un
animal n'affecte pas le moins du monde la somme de
l'énergie ; toutefois un animal vivant exerce sur l'éner-

---

vations. S'emparer de ce trésor et l'assujétir au service de l'humanité, telle est la tâche qui s'offre aux électriciens de l'avenir. Les
recherches les plus récentes donnent l'espoir fondé que ces vastes
réservoirs de puissance ne sont pas absolument hors de notre
portée..... Au moyen de courants alternatifs d'une extrême fré-
quence, le professeur Tesla est arrivé à porter à l'incandescence le
filament d'une lampe, par induction, à travers le verre, et sans la
relier par des conducteurs à la source d'électricité. Il a fait plus,
*il a illuminé une pièce entière en y produisant des conditions
telles qu'un appareil d'éclairage, placé n'importe où y était mis
en jeu sans être relié électriquement avec quoi que ce soit.*

. . . . « Les vibrations lentes auxquelles nous faisions allusion nous
révèlent encore un fait surprenant : *la possibilité d'établir des télé-
graphes sans fils, sans poteaux, sans câbles,* sans aucune des coû-
teuses installations actuelles. »
Si l'on se rappelle encore les expériences de M. Elihu Tompson
qui, à l'aide des courants alternatifs dont il vient d'être question,
a pu *produire à distance des mouvements considérables d'un corps
quelconque suffisamment conducteur pour des courants induits
de même nature,* on sera certainement tenté de ne plus considérer
comme improbable l'explication naturelle, dans un avenir plus ou
moins lointain, de la TÉLÉPATHIE, de la LÉVITATION et des PHÉNOMÈNES
LUMINEUX produits par les médiums.

gie une action qu'il n'exerce plus mort. La vie est un
principe dirigeant qui n'a pas encore trouvé sa place
dans le domaine de la physique. Si le transfert de l'énergie s'explique par l'accomplissement d'un travail, la
direction de l'énergie n'exige aucun travail, elle ne
demande que de la force. Qu'est-ce donc que la force,
et comment les êtres vivants la dépensent-ils ? La totalité des choses par lesquelles chacun doit admettre que
les actions sont guidées ne renferme-t-elle pas le futur
comme le passé et nos tentations de déductions des
actes du seul passé ne sont-elles pas des tentations
vaines ? De quelle façon la matière peut-elle être dé-
placée, guidée, dérangée par l'intermédiaire des êtres
vivants ? comment s'exerce la puissance directrice qui
règle les événements ?

. . . .

« Comment la force s'exerce-t-elle, et qu'est-ce en
définitive que la force? c'est là une question qui ne
peut guère être posée d'une façon intelligible, sauf pour
ceux qui ont abordé et médité ces questions. Mais j'ose
le dire, il y a quelque chose que n'a pas prévu la physique orthodoxe ; oui, je le déclare, la physique moderne n'est pas complète, et dans la voie que j'indique,
de grands progrès sont possibles. Mais allons plus
loin. Cette dépense de force déterminée par un acte de
notre volonté, par quel mécanisme s'effectue-t-elle ?
N'existe-t-il pas une lacune dans des connaissances
entre l'idée consciente d'un mouvement et l'énergie
musculaire nécessaire à son accomplissement ? Et s'il
en est ainsi, *comment pouvons-nous savoir si un corps
ne peut être mis en mouvement par un acte de volonté
sans le contact matériel auquel nous sommes habitués ?*

… La découverte d'un nouveau mode de communication à travers l'éther n'est nullement incompatible,
il faut le dire, avec le principe de la conservation de
de l'énergie ni avec aucune de nos connaissances actuelles, et ce n'est pas faire preuve de sagesse que de
refuser d'examiner des phénomènes parce que nous
croyons être sûrs de leur impossibilité. Comme si
notre connaissance de l'univers était complète !...

« Ce que nous savons n'est rien auprès de ce qui
nous reste à apprendre, dit-on souvent, quoique parfois sans conviction. Pour moi c'est la vérité la plus
littérale, et vouloir restreindre notre examen aux ter-
ritoires déjà à demi-conquis, c'est tromper la foi des
hommes qui ont lutté pour le droit de libre examen, c'est
trahir les espérances les plus légitimes de la science. »

Il faudra cependant bien des années pour que les habi-
tudes d'esprit données par notre éducation scientifique
permettent à ces études nouvelles de prendre leur essor.

A mesure, en effet, que les connaissances humaines
se développent, elles s'appliquent à des phénomènes
de plus en plus difficiles à reproduire.

La physique des anciens était presque uniquement
constituée par l'étude des effets dus à l'élasticité de
l'air et aux conditions d'équilibre des solides. Nul
n'eût osé mettre en doute des affirmations si aisément
contrôlables par tous ; la parole du maître suffisait.
Il en a été ainsi tant qu'on s'est avancé pas à pas sur
un terrain ferme et consistant ; mais nous voici arrivés
à la limite du domaine des forces bien définies et les
gros bataillons des manouvriers de l'esprit hésitent à
s'aventurer sur un sol mouvant de peur de tomber dans
quelque fondrière.

Il n'y a pas longtemps qu'on a cessé de rejeter au rang des fables l'existence des aérolithes et des éclairs en boule ; on connaît l'accueil fait par le Dr Bouillaud au phonographe ; les expériences de Herz sont encore contestées ; quant à certaines découvertes de Zœllner, de Crookes, de Gibier, plutôt que de les admettre on préfère accuser d'une naïveté grotesque des hommes que leurs autres travaux devraient mettre à l'abri d'une pareille injure. Les plus avancés enfin trouvaient une explication universelle et commode dans la suggestion que l'Académie de Belgique n'ose même pas reconnaître.

On s'explique du reste fort bien la défiance de certains pontifes de la science officielle envers une autre science qui, si elle ne bouleverse pas toutes leurs connaissances si péniblement acquises, leur montre du moins, au déclin de leur vie, une religion nouvelle où ils doivent se résigner à n'être que des écoliers.

« Limitrophe à la fois à la physique et à la psychologie, cette région intermédiaire entre l'énergie et la vie, entre l'esprit et la matière, est bornée au nord par la psychologie, au sud par la physique, à l'est par la physiologie, et à l'ouest par la pathologie et la médecine. Un psychologue tente-t-il de s'y avancer en tâtonnant, il se transforme métaphysicien. Un physicien qui s'y est aventuré a perdu pied et est devenu l'objet de la répulsion de ses anciens frères. Les biologistes regardent ce territoire d'un mauvais œil et en nient l'existence ; quelques médecins praticiens après avoir gardé longtemps cette attitude malveillante, commencent à annexer une partie de la frontière occidentale. Toute la contrée paraît habitée par des sauvages adonnés encore, autant qu'on en peut juger à distance, à

de grossières superstitions. Peut-être quelques hardis
voyageurs ont-ils traversé le pays à la hâte et en ont-
ils relevé le plan grossier, mais leurs récits paraissent
peu dignes de foi. » (1)

C'est cependant cette foi que nous réclamons, nous
qui, bravant les préjugés, osons pénétrer en éclaireurs,
à nos risques et périls, dans les contrées brumeuses et
semées d'écueils où les sens ordinaires ne suffisent
plus pour nous guider.

Nous ne demandons certes pas une foi aveugle, mais
seulement une foi provisoire équivalente à celle qu'on
accorde aux historiens, aux voyageurs, aux naturalistes
pour les faits dont ils ont été les témoins, et qu'ils
peuvent, comme nous, avoir mal vus ou mal inter-
prétés, ainsi que pour les récits rapportés d'après les
indigènes qui ont pu se tromper ou les tromper,
comme nos sujets peuvent s'halluciner ou nous in-
duire en erreur.

Qu'on n'exige pas des preuves absolues, irréfutables ;
il ne saurait y en avoir pour des phénomènes qui ne
dépendent pas de nous ou qui ne se produisent que
dans ces circonstances non encore déterminées.

Celui qui rejette à priori nos observations ressemble
à l'homme qui nierait César parce qu'il ne l'a pas vu,
l'électricité parce qu'il n'a pu tirer une étincelle de la
machine par un temps humide, l'harmonie parce que
son oreille est incapable de discerner une consonance
d'une dissonance.

_____

(1) _Lodge_, l. c.

Chaque silence, chaque période de science même, a des procédés d'investigation qui lui sont propres ; le physiologiste qui étudie la vie des fleurs et des feuilles d'un arbre emploie une autre méthode que le mécanicien qui expérimente la résistance du tronc.

Les physiciens ont construit, avec des substances inertes, des galvanomètres que constatent certains modes de vibration de l'éther engendrés par le contact d'autres substances inertes. Ils doivent s'habituer à considérer le système nerveux de nos *sujets* hyperesthésiés comme un instrument nouveau propre à enregistrer d'autres modes de vibration de l'éther dus à l'action d'un organisme vivant sur un autre et à l'action, plus délicate encore, de la pensée sur l'organisme.

Cet instrument, nous ne le connaissons que fort mal ; sa sensibilité même le rend d'un emploi difficile, incertain ; mais ce sont là des obstacles qui se rencontrent à l'origine de toutes les sciences.

« Tout d'abord les choses paraissent mystérieuses. Une comète, la foudre, l'aurore, la pluie sont autant de phénomènes mystérieux pour qui les voit la première fois. Mais vienne le flambeau de la science, et leurs relations avec d'autres phénomènes mieux connus apparaissent ; ils cessent d'être des anomalies, et si un certain mystère plane encore sur eux, c'est le mystère qui enveloppe les objets les plus familiers de la vie de chaque jour.

« Conduites au hasard, les opérations d'un chimiste ne seraient qu'un mélange indescriptible d'effervescence, de précipités, de changements de couleur et de nature ; mais, guidées par la théorie qui groupe et coordonne les faits, ces opérations deviennent intelligibles, et les explosions même qui peuvent se produire sont susceptibles d'explications » (1).

Pour l'étude de la force nerveuse, nous en sommes à la période qui correspond à l'alchimie; nous manquons du fil conducteur et les faits eux-mêmes ne sont ni assez nombreux ni assez bien établis pour permettre d'y asseoir le moindre de ces fragiles édifices qu'on appelle *théorie*.

Il faut observer d'abord ; mais les observations ne ne deviennent réellement fécondes qu'en servant de point de départ à des expériences. Un phénomène se produit-il ? On le rattachera, si c'est possible, à d'autres phénomènes déjà connus et on en tirera des conséquences qu'on cherchera à vérifier en ayant soin de noter aussi bien les insuccès que les succès.

Quand des travaux de cette nature auront été effectués et publiés par un certain nombre d'hommes consciencieux, opérant par des procédés et à l'aide d'instruments différents, les *constantes* apparaîtront, les erreurs s'élimineront d'elles-mêmes, et alors sera réellement fondée cette science future que Reichenbach a nommée la *Science de l'od*.

_____

(1) *Lodge*, l. c.

NOTE SUR LA MÉMOIRE SOMNAMBULIQUE

J'ai insisté, à plusieurs reprises (pp. 21 et 77, note 4) sur ce fait qu'il suffisait, chez la plupart des sujets, de presser un point situé sur le milieu du front, pour rappeler, à l'état de veille, le souvenir de ce qui s'était passé dans le sommeil magnétique.

Mes expériences ayant été conduites dans le but de montrer que le sujet avait des perceptions, même en état de léthargie, j'avais été amené à supposer que, si le sujet ne réagissait pas, c'était seulement par suite de l'engourdissement momentané des nerfs moteurs ; mais cette hypothèse ne me paraît plus suffisante après l'expérience suivante faite récemment avec Mme V..., ainsi notée après la séance :

« Dans un des états profonds de l'hypnose, où elle avait la peau insensible, j'ai touché un point qu'elle ne pouvait voir, et je lui ai dit : « Vous vous rappellerez éveillée où je « vous ai touchée. — Comment voulez-vous que je me le « rappelle, m'a-t-elle répondu, puisque je ne sais pas où « vous me touchez ; je ne sens ni ne vois rien. » Au réveil, elle n'avait aucun souvenir, mon ordre ayant été donné dans une phase où elle n'est pas suggestible : mais dès que j'ai eu pressé avec le doigt le milieu du front, elle m'a désigné exactement le point touché. »

Je dois ajouter que je n'ai pas eu l'occasion de répéter l'expérience, soit avec elle, soit avec un autre sujet ; mais elle viendrait à l'appui de cette conception étrange de l'*inconscient* qu'il me répugne d'admettre, malgré qu'elle soit à la mode.

TABLE DES MATIÈRES

RABBI ISSA'CHAR BAER.

Commentaire sur le Cantique des Cantiques. Traduit pour la première fois de l'hébreu en français et précédé d'une introduction. Un volume in-16 jésus, tiré à très petit nombre.   Prix 2 fr.

Il n'est point de page de la Bible plus connue et moins comprise que celle-ci. Celui qui lit un verset du Cantique des Cantiques et le considère comme un chant (érotique) amène le malheur sur le monde. Sans doute, il y a le sens amoureux, mais il y en a aussi trois autres et je recommande cet ouvrage à ceux qui voudraient les découvrir.

R. P. ESPRIT SABBATHIER.

L'Ombre idéale de la Sagesse universelle. Vingt-cinq planches reproduisant en phototypie cet ouvrage introuvable et purement kabbalistique. Un vol. in-8 jésus, tiré à 100 exemplaires numérotés dont 50 seulement mis dans le commerce.   Épuisé.

L'auteur de la publication de cet opuscule dit qu'il ne peut être analysé. Il a raison ; c'est une suite de tableaux synthétiques où se trouve résumée toute la tradition théologique occidentale. L'ouvrage est d'autant plus précieux qu'il est d'une insigne rareté.

J. G. GICHTEL

Théosophia practica. Traduit pour la première fois en français avec cinq planches en couleurs hors texte. Un vol. in-18 jésus de 210 pages, tiré à très petit nombre
                                                  Prix 7 fr.

La sagesse la plus grande, unie à une foi inébranlable, fait de J. G. Gichtel un des écrivains mystiques toujours intéressant. Il est réconfortant de le lire ; il ne nous étonne point que la haine des prêtres l'ait martyrisé : Ce fut le grand homme de bien et un remarquable savant, plein de volonté.

MARTINES DE PASQUALLY.

Traité de la réintégration des Êtres dans leurs premières propriétés, vertus et puissances spirituelles et divines. Publié pour la première fois intégralement et précédé d'une notice historique sur le Martinésisme et le Martinisme par un chevalier de la R. C. Un vol. in-16 jésus.   Prix 6 fr.

Le point de départ de la Réintégration, c'est la chute... A cette théorie d'une chute arrivée dans les cieux comme sur la terre, à cet enseignement d'un tribut solidaire payé à la justice divine par les habitants du monde divin et par ceux du monde terrestre, se joignaient des actes, des œuvres, des prières, une sorte de culte..... (*Matter*).

SAINT THOMAS D'AQUIN

Traité de la Pierre Philosophale suivi du Traité sur l'art de l'alchimie, traduits pour la première fois du latin en français et précédés d'une introduction. Un volume in-16 jésus de 116 pages, tiré à très petit nombre.   Prix 4 fr.

Saint Thomas d'Aquin, disciple, parait-il, d'Albert le Grand a exprimé, dans ce livre, les enseignements recueillis de la bouche même de son maître. L'alchimie étant une science maudite, c'est-à-dire œuvre du démon, les critiques en ont contesté l'authenticité, sous prétexte que Saint-Thomas d'Aquin fut un saint. Quoi qu'il en soit et à plus d'un titre, l'ouvrage est à lire.

DEUXIÈME SÉRIE

ADUMBRATIO KABBALÆ CHRISTIANÆ.

Un vol. in-16 jésus, tiré à très petit nombre.   Prix 5 fr.

Cet ouvrage devrait être connu de tout franc-maçon ; condamné par la Cour de Rome, les chrétiens, imités par les juifs, ont voulu en détruire tous les exemplaires. A été publié en appendice à la *Kabbala Denudata* de Knorr von Rosenroth, célèbre et rarissime ouvrage imprimé en 1684 à Francfort-sur-Mein.

HENRI KHUNRATH.

Amphithéâtre de l'Eternelle Sapience. Traduit pour la première fois du latin en français sur l'édition de 1609. Petit in-folio, tiré à très petit nombre.   Prix 15 fr.

— Reproduction en phototypie sur papier de luxe des 12 planches de l'ouvrage. Un album petit in-folio, tiré à petit nombre.   Prix 5 fr.

L'Esotérisme religieux a toujours préoccupé les hauts philosophes. Je recommande la lecture de l'*Amphithéâtre de l'Eternelle Sapience*. Les lecteurs sagaces y découvriront peut-être la clef de *l'Apocalypse*, et si leur recherche est infructueuse, ils y verront néanmoins en quoi consistent les sept degrés de l'initié.

GUILLAUME POSTEL.

Absconditorum Clavis. Traduit pour la première fois du latin en français, avec une planche hors texte. Un volume in-16 jésus, tiré à très petit nombre.

Ou *la Clef des choses cachées*. — Affirmer que dans la chûte l'homme perdit seulement sa joie pure, et garda la loi de la paix absolue qui régnait en lui, telle est la croyance de Guillaume Postel qui pensa avoir découvert la clef de tous les mystères religieux, et en eux, le secret de la paix universelle. Sous forme d'épître il fait savoir aux docteurs de l'Eglise que tous les hommes seront sauvés, et son livre est écrit dans ce sentiment.

FRANTZ VON BAADER.

Les enseignements secrets de Martines de Pasqually. Traduits pour la première fois de l'allemand et précédés d'une nouvelle notice historique sur le Martinésisme et le Martinisme, par un chevalier de la R. C. Un vol. in-16 jésus.   Prix 2 fr.

Les Enseignements secrets de Martines de Pasqually tiennent une mince place dans cet ouvrage. Trente deux pages suffisent, il en faut cent quatre-vingt-douze pour la notice. Ceux qui ont suivi les récentes querelles à ce sujet n'en auront aucun étonnement. Pour s'en faire une idée, nous signalons à nos lecteurs l'ouvrage ci-dessus, le *traité de la réintégration des Etres* et la notice, et tous les ouvrages de Papus sur la même question.... Et je ne crois pas que la dispute soit.... terminée.

RAYMOND LULLE.

Ars Brevis. Résumé et abrégé du grand art. Traduit pour la

première fois du latin en français. Un vol. in-16 jésus.
Prix 3 fr.

> L'ardeur que l'auteur met à prouver l'infériorité et l'illogisme de l'Islamisme, en faveur des mystères de la religion catholique est telle que tous ceux que passionnent les religions doivent lire cet opuscule de ce grand écrivain aussi érudit qu'original.

BODISCO (Constantin-Alexandrovitch de).
Traits de lumière. Recherches psychiques. Preuves matérielles de la vie future ; Spiritisme expérimental au point de vue scientifique (Préface de **Papus**). Volume in-8 carré, avec de belles gravures.   Prix 5 fr.

> Cet œuvre est sincère et à retenir même après les expériences de Crookes sur la force psychique et spirite. Les faits y sont aussi bien racontés que scrupuleusement observés.

BUÉ.
Le Magnétisme curatif :
I. Manuel technique, avec portrait de **Mesmer**. Vol. in-18 de 220 pages.   Prix 2 fr.

> Exposé et pratique de la thérapeutique magnétique fort utile à consulter.

DECRESPE (Marius).
On peut envoûter. Lettre ouverte au maître Papus. Broch. in-18 jésus.   Prix 0 fr. 50

> Exposé complet de la théorie et de la pratique de l'envoûtement.

— La Matière des Œuvres magiques. — Principes de physique occulte. — Préface de **Papus**. Broch. in-18 jésus
Prix 1 fr.

> Essai intéressant d'adaptation des découvertes modernes de la psycho-physiologie aux théories du corps astral.

— Les Microbes de l'astral. Broch. in-18 jésus avec dessins.
Prix 1 fr. 50

> Application des récentes découvertes de la physique supérieure aux autres théories de la lumière astrale.

ELY STAR (Dr).
Les Mystères de l'Être. Un vol. grand in-8.   Prix 15 fr.

> L'astrologue populaire, qui, grâce à l'almanach Hachette, est le plus répandu dans le monde, a cette fois, avec assez de circonspection, fait œuvre aussi louable que recommandable ; car, sagacement lu et bien compris, son livre combat victorieusement le ridicule qui s'attache inconsidérément à tout homme qui parle de l'invisible.

FABRE D'OLIVET
La langue hébraïque restituée, et le véritable sens des mots hébreux, rétabli et prouvé par leur analyse radicale. Nouvelle édition, 2 vol. in-4 couronne. Prix des deux vol. 25 fr.

> Ouvrage dans lequel on trouve réunis : 1° une *Dissertation introductive* sur l'origine de la Parole, l'étude des langues qui peuvent y conduire et le but que l'auteur s'est proposé ;

2° une *grammaire hébraïque* fondée sur de nouveaux principes et rendue utile à l'étude des langues en général ; 3° une
série de *Racines hébraïques*, envisagées sous des rapports
nouveaux et destinées à faciliter l'intelligence du langage et
celle de la science étymologique ; 4° un *Discours prélimi-
naire* ; 5° une traduction en français des dix premiers cha-
pitres du Sépher contenant la *Cosmogonie de Moyse*.

L'édition de cet ouvrage est depuis longtemps épuisée et
vaut couramment 50 à 60 francs. Aussi doit-on être recon-
naissant à l'éditeur Chacornac d'en avoir fait une réédition,
de tous points conforme à la première, les pages ayant été
clichées sur reproductions photographiques, page par page
(*Pour paraître prochainement*).

FLAMBART (Paul).
Le Langage astral, traité sommaire d'astrologie scientifique. Un vol, in-8. Prix 6 fr.

Démonstration claire et déductive faite par un esprit scientifique, de la vérité de l'astrologie, appliquée au présent et au
passé· Le contrôle est donc facile à faire par ceux qui traitent
l'astrologie de.... charlatanisme ; mais quelles colères ce livre
excite chez les astrologues qui veulent appliquer la science
astrologique... à l'avenir ! Très curieux ouvrage.

GIRAUD (A).
Petit dictionnaire de graphologie. Vol. in-18 jésus, avec
nombreux autographes. Prix 2 fr.

Ouvrage d'un intérêt immédiat et éminemment pratique. Il
est le premier de ce genre qui soit paru sur la graphologie.

— Alphabet des signes graphologiques. Brochure in-18 jésus
avec nombreux exemples. Prix 1 fr.

Complément indispensable du *Petit Dictionnaire de graphologie*, du même auteur. Ces deux ouvrages bien étudiés
peuvent faire du lecteur un avisé graphologue.

GUAITA (Stanislas de).
ESSAI DE SCIENCES MAUDITES.
Au seuil du Mystère. Beau volume in-8 avec deux planches
kabbalistiques en héliogravure. Prix 6 fr.

Stanislas de Guaita est l'un des kabbalistes contemporains
les plus savants et les plus aimés des lecteurs de l'occultisme
(*Papus*).

Ce volume forme avec le *Temple de Satan* et la *clef de la
Magie noire*, l'examen le plus complet des faits de l'occultisme ; étude transcendantale et d'une lecture passionante,
cette œuvre doit figurer dans toutes les bibliothèques dont les
possesseurs s'enrichissent de livres hermétiques.

— Clef de la Magie noire. Beau volume in-8 carré de 800 pages,
orné de nombreuses reproductions d'estampes rarissimes
dont 8 planches phototypiques hors texte et une dizaine de
dessins d'**Oswald Wirth**. Prix 16 fr.

La Clef de la Magie noire est l'étude la plus détaillée qui
ait jamais paru sur la lumière astrale dans l'homme et dans
l'univers. Les mystères de la pensée, ceux du destin, de l'âme
humaine, de l'alchimie sont étudiés, analysés et comparés,
et de ce travail énorme surgissent les conclusions les plus
lumineuses.

HAATAN (Abel).

Traité d'Astrologie judiciaire. Vol. in-8 carré avec nombreux tableaux, tables, figures et dessins et deux portraits rares.   Prix   7 fr. 50

> Cet ouvrage, fort bien conçu, présente clairement la vraie science astrologique. Une lecture attentive permet à toute personne qui le voudra, de dresser un thème généthliaque et d'en interpréter aisément les présages. Les calculs sont réduits à leur plus simple expression au moyen des tables que l'auteur a ingénieusement dressées.

KERNER (Dr Justinus).

La Voyante de Prévorst. Traduit par le **Dr Dusart** et publié sous la direction du **colonel de Rochas**. Vol. in-8.
                                         Prix   4 fr.

> Psychologie assez juste d'une voyante : Analyse complète et détaillée des phénomènes dont elle est tantôt la cause et tantôt l'effet. L'auteur ne se contente pas de dire ce qu'il sait des contingences que nous qualifierons de vitales, mais il dit encore ce qu'il pense des diverses influences des objets animés. — Et, les observations relatées sont à souligner et à retenir.

LÉVI (ELIPHAS).

Le livre des Splendeurs. — Le Soleil Judaïque. — La Gloire Chrétienne. — L'Etoile Flamboyante. Beau volume in-8.
                                         Prix   7 fr.

> Etude sur les origines de la Kabbale avec des recherches sur les mystères de la Franc-Maçonnerie, suivi de la profession de foi et des éléments de la Kabbale.

— Le Grand Arcane ou l'occultisme dévoilé. Vol. in-8 carré de 420 pages.   Prix   12 fr.

> Ouvrage le plus important sur la science occulte, où l'on trouve : le mystère hiératique c'est-à-dire les documents traditionnels de la haute initiation ; le mystère royal, c'est-à-dire l'art de se faire servir par les puissances et enfin le mystère sacerdotal ou l'art de se faire servir par les esprits.

— Le catéchisme de la paix. — Suivi de quatrains sur les gravures de la Bible de la Liberté. Vol. in-8 carré. Prix 4 fr.

> A l'heure où les questions d'arbitrage, de désarmement, et de paix universelle passionnent tant d'esprits, on voudra connaître les opinions d'Eliphas Lévi sur ce sujet, et en même temps sur la paix religieuse, sociale, publique, familiale, etc... (*Papus*).

— Clefs Majeures et Clavicules de Salomon. Vol. in-16 jésus contenant cent dessins d'Eliphas Lévi.   Prix 20 fr.

> Exclusivement réservée aux initiés et recommandée tout particulièrement aux Kabbalististes et aux disciples du maître, cette œuvre porte un caractère unique qui la distingue et la place au premier rang des rares traités de magie pratique que nous possédions.

MULFORD (Prentice).

Vos Forces et le moyen de les utiliser. Un vol. in-18 jésus avec portrait de l'auteur (Deuxième édition).   Prix   3 fr.

> Nous prenons de plus en plus l'habitude de lire moins pour

orner notre esprit que pour nous distraire. Si ceux qui liront
ceci ne se contentaient point de satisfaire leur curiosité, mais
pratiquaient l'enseignement et suivaient les conseils de
M. Mulford, ils en éprouveraient sans tarder les effets bien-
faisants, à tous les points de vue : santé, joie et richesse.

PAPUS.

La Cabbale. Tradition secrète de l'Occident. Ouvrage précédé d'une lettre d'Ad. Frank. (de l'institut) et d'une étude
par Saint-Yves d'Alveydre. 2ᵉ édition, considérablement
augmentée, renfermant de nouveaux textes de **Lenain,
Eliphas Lévi, Stanislas de Guaita, Dʳ Marc Haven,
Sédir, Jacob, Sair,** et une traduction complète du Sepher
Ietzirak. Et suivi de la réimpression partielle d'un traité
cabbalistique du chev. **Drach.** Avec figures et tableaux.
Un volume in-8.   Prix 8 fr.

Voici du maitre Papus l'ouvrage qu'il est indispensable
d'avoir lu, ne fut-ce que pour bien posséder ses auteurs et les
connaitre autant qu'ils veulent bien le permettre. Si l'ouvrage
n'était point précieux par ses documents, il le serait par la
clarté de l'enseignement qu'il comporte. Avec raison, il est
dit dans la préface que la lecture de ce livre ne créera pas
des kabbalistes ; mais il est permis de croire que, si on le
comprend, bien des bévues et des âneries nous seront épar-
gnées.

— La Magie et l'Hypnose, contrôle expérimental des phénomènes et des enseignements de la magie au moyen de
l'hypnose. Vol. in 8 carré avec gravures.   Prix 8 fr.

Observations, travaux, faits, expériences d'occultisme pratique, tel est le sujet de cette œuvre de Papus. Tout savant
que la télépathie, la clairvoyance et la clairaudience inquiètent
ou intriguent doit posséder cet ouvrage. Il y trouvera force
idées neuves et des découvertes fertiles.

— Martines de Pasqually. Sa vie ; Ses pratiques magiques ;
Son œuvre ; Ses disciples. D'après des documents entièrement inédits Vol. in-18 jésus.   Prix 4 fr.

Grâce aux archives des illuminés français miraculeusement
conservées, Papus a pu restituer au grand jour la figure si
peu connue de Martines de Pasqually par la publication
d'une série de lettres du maitre. Après avoir élucidé la vie,
les prestiges magiques et l'œuvre de réalisation du fondateur
du Martinisme l'auteur publie les catéchismes de tous les élus
coëns.

— L'Illuminisme en France, 1771-1803. Louis Claude de Saint-
Martin. — Sa vie, sa voie théurgique. ses ouvrages, son
œuvre, ses disciples, suivi de la publication de 50 lettres
inédites. Un vol. in-18 jésus, avec fac-simile et tableaux.
                                                Prix 4 fr.

Rénovateur, ardent apôtre et historien du mouvement Mar-
tiniste, Papus met en lumière, dans cette œuvre, L. Claude
de Saint-Martin ; le sujet ne parait pas épuisé, mais nous
recommandons à nos lecteurs, ce nouveau livre qui, dans
dans tous les cas, établit définitivement bien des points dis-
cutés, encore qu'il y ait matière à controverse et des affirmations un peu... vives.

PASCAL (Dr Th.).

Les Sept Principes de l'Homme, ou sa constitution occulte d'après la Théosophie. Vol. in-18 jésus.   Prix 2 fr.

'   Exposé plein d'érudition et de clarté de la constitution de l'Homme selon l'école théosophiste contemporaine, qui suit les théories de l'ésotérisme hindou.

PÉLADAN (Joséphin).

Amphithéâtre des sciences mortes :

I. COMMENT ON DEVIENT MAGE. — Ethique — avec un portrait pittoresque gravé par **G. Poirel.**

II. COMMENT ON DEVIENT FÉE. — Erotique — avec un portrait du Sar héliogravé.

III. COMMENT ON DEVIENT ARTISTE. — Esthétique — avec un portrait idédit du Sar.

IV. LE LIVRE DU SCEPTRE. — Politique.

V. L'OCCULTE CATHOLIQUE. — Religion.

Cinq beaux volumes in-8 carré se vendant séparément, Chacun   Prix 7 fr. 50

Il était bon que le Sar Péladan se décidât un jour à nous faire connaître sa doctrine et sur quels fonds et de quelle manière il avait établi son éthopée. C'est ainsi qu'il nous rend encore plus lumineuses les meilleures pages de son œuvre et que, dans les cinq volumes de l'*Amphitéâtre des sciences mortes*, nous assistons plus intimement à la manifestation vitale des héros qui animent ses livres, depuis le *Vice suprême*, jusqu'à *Péréat*, le dernier de l'éthopée. En conséquence, quiconque possède ceux-ci, doit se procurer ceux-là, s'il veut savoir la puissance de forme et de pensée d'un de nos meilleurs écrivains.

VI. TRAITÉ DES ANTINOMIES. — Métaphysique. — Beau vol. in-8 carré.   Prix 6 fr.

De la philosophie avec des variations psychologiques, de la morale avec des sous-entendus métaphysiques, de la théologie avec des aperçus littéraires, le tout traité au point de vue artistique, telle est l'œuvre que Joséphin Péladan nous donne sous ce titre. Vous ne concevez pas un thème moins banal que celui-ci, je suppose. Et c'est un des meilleurs titres de gloire de l'archimage.

POISSON (Albert).

Histoire de l'Alchimie au XIVe siècle. Nicolas Flamel, sa vie, ses fondations, ses œuvres ; suivi de la réimpression du Livre des figures hiéroglyphiques. Un vol. in-8, orné d'un portrait et d'une reproduction en phototypie des figures d'Abraham le juif et de l'arche du Charnier des Innocents.
    Prix 5 fr.

Initiation à la vie intime d'un alchimiste du Moyen-Age. Flamel, type grandiose de chercheur convaincu, dépense vingt ans de sa vie à la recherche d'un problème et quand il a trouvé, il emploie ses nouvelles richesses à faire irradier le bien autour de lui et continue à vivre modestement.

— Cinq Traités d'alchimie des plus grands philosophes : Paracelse, Albert le Grand, Roger Bacon, Raymond Lulle, Arnaud de Villeneuve. Un vol. in-8 avec figures.   Prix 5 fr.

Voici un livre fort bien fait où est admirablement exposée la littérature alchimique. On ne saurait trop le recommander à ceux qui veulent savoir comment de l'alchimie a pu naître la chimie. Ce précieux recueil contient en outre des notes biographiques sur les cinq plus grands alchimistes, le *Chemin du Chemin*, d'Arnaud de Villeneuve, la *Clavicule*, de Raymond Lulle, le *Composé des Composés*, d'Albert le Grand, le *Thrésor des Thrésors*, de Paracelse, et le *Miroir d'Alchimie*, de Roger Bacon.

SÉDIR (Paul).

Les Plantes Magiques. — Botanique occulte. — Constitution secrète des végétaux. — Vertus des simples. — Médecine hermétique. — Philtres. — Onguents. — Breuvages magiques. — Teintures. — Arcanes. — Elixirs spagyriques. Un vol. in-18 jésus   Prix 2 fr.

Livre précieux comme recueil des théories et des opinions des principaux occultistes, rassemblées en un ordre à la fois méthodique et pratique. La première partie, intéresse par l'étude des relations du Règne végétal avec l'Univers et avec l'homme, la seconde partie par les vertus de la plante, employée comme remède ou comme aliment magique.

— Les Incantations. Le verbe divin, le verbe humain, mystères de la parole, les sons et la lumière astrale. Comment on devient enchanteur. Un vol. in-18 jésus, avec de nombreux dessins dans le texte et hors texte.   Prix 3 fr. 50

Ce petit traité, extrêmement substantiel et concis, révèle toute une partie très peu connue de la magie pratique; on y trouve une étude originale et suggestive sur les formes et les couleurs des sons dans la lumière invisible.

SELVA (H.).

Traité théorique et pratique d'astrologie généthliaque; un vol. in-8.   Prix 7 fr.

Livre destiné surtout à justifier et expliquer l'astrologie par la science positive en discutant à fond les forces qui y sont en jeu et leur mécanisme sur les trois plans élémentaire, animique et psychique; et l'on peut dire que le sujet y est épuisé avec toute l'érudition que l'on puisse demander.

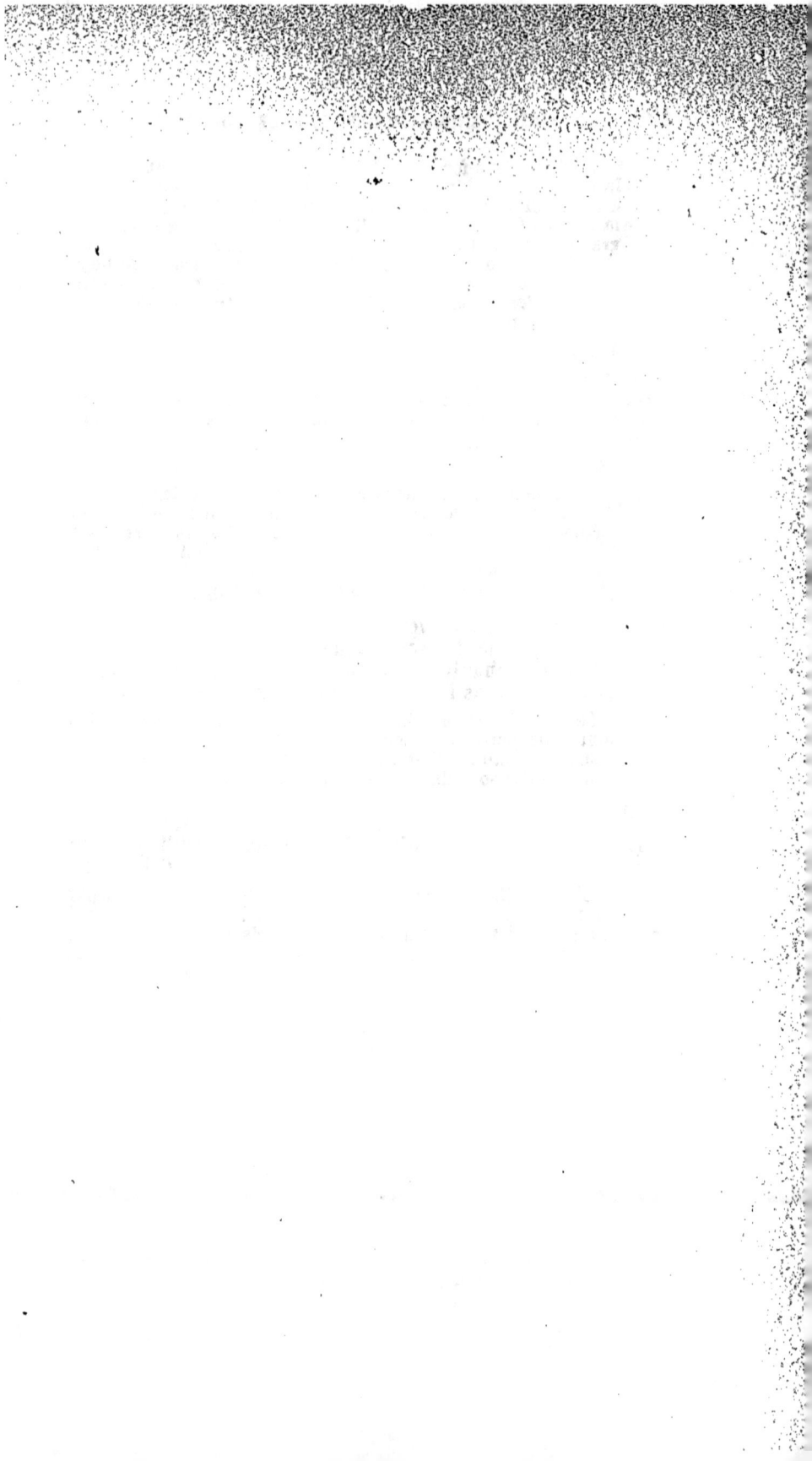

LIBRAIRIE GÉNÉRALE DES SCIENCES OCCULTES
BIBLIOTHÈQUE CHACORNAC
Paris — 11, Quai Saint-Michel, 11 — Paris

LE LOTUS.

Revue mensuelle des Hautes Études. Publiée par K. F. Gaboriau. Avec la collaboration spéciale de H. P. Blavatsky. Chaque numéro in-8 . . . . 2 fr. »»

Cette revue a vécu deux ans ; sous sa forme complète, elle est introuvable, et vaut 100 fr. La Librairie générale des sciences occultes en possède des numéros séparés, qu'elle a groupés de façon à pouvoir servir à ses clients, les *travaux complets* les plus intéressants. Entre autres articles à lire, ceux de Madame Blavatsky, russe naturalisée américaine, pour ne citer que ceux-là, justifient l'achat de cette revue, même partiellement. On y trouve les noms des savants, des philosophes, des littérateurs, des théologiens, qu'on a l'habitude d'applaudir et de célébrer. Un catalogue détaillé spécial en distribution à la Bibliothèque Chacornac, donne un aperçu des matières traitées.

LE VOILE D'ISIS.

Organe hebdomadaire du Groupe indépendant d'Études ésotériques de Paris. Années 1890-1898.
(Les 9 années, tout ce qui est paru) . . . . 35 fr. »»

Fondé pour répondre aux attaques personnelles à côté de *l'Initiation*, qui ne devait donner asile qu'à la discussion de doctrine, le *Voile d'Isis* a été l'organe de combat du Groupe. Par conséquent quiconque veut se rendre compte *vitalement* des faits et gestes des Occultistes, du 12 novembre 1890 au 9 novembre 1898, doit consulter la collection de ce journal. C'est en quelque sorte l'encyclopédie de de l'Occultisme, et la collection est d'autant plus précieuse qu'on peut connaître par les nombreux articles publiés, le tempérament moral et le degré de culture hermétique de presque tous les écrivains qui ont aujourd'hui un nom en occultisme. De plus, on y trouve les *Vers dorés de Pythagore; Caïn*, mystère dramatique par Fabre d'Olivet; l'*Enchiridion du pape Léon; Des trois époques du traitement de l'âme humaine*, par Louis-Claude de St-Martin ; *la Magie astrologique* de P. Constantius Albinus Villanovensis ; *Le miroir spirituel* d'Amo, — *Études sur la Mathèse*, ou *Anarchie et Hiérarchie de la Science*, du Dr Jean Malfatti de Montereggio. — *Discours sur l'Essence et la forme de la poésie*, par Fabre d'Olivet. — *L'Occulte chez les Aborigènes de l'Amérique du Sud*, par le Dr Henri Girgeois. — *Relation véridique de la vie, de la mort, des œuvres et des doctrines de Jacob Bœhme*, par Paul Sédir. — *Le Gui et sa philosophie*, de Peter Davidson, traduit de l'anglais par Paul Sédir. — *Les Hiérophantes*, de Fabre des Essarts.

Ces quatres derniers ouvrages forment des brochures tirées à part que les clients pourront faire relier ou brocher à leur choix.

L'INITIATION.

Revue philosophique des Hautes Études, publiée mensuellement sous la direction de Papus, docteur en médecine, docteur en cabale.
De 1889 à 1893 inclus, chaque numéro . . . . . 2 fr. »»
De 1894 à 1903 inclus. . . . . 1 fr. »»
La Collection complète . . . . 150 fr. »»

SAINT-AMAND, CHER. — IMPRIMERIE BUSSIÈRE

www.ingramcontent.com/pod-product-compliance
Lightning Source LLC
Chambersburg PA
CBHW052214270326
41931CB00011B/2343